保証の
トラブル相談

Q&A

基礎知識から
具体的解決策まで

新潟県弁護士会 [編]

発行 民事法研究会

はしがき

　2017年5月26日に民法の一部を改正する法律（平成29年法律第44号）が成立、同年6月2日に公布され、2020年4月1日に施行されることとなりました。

　民法は1000箇条を超える条文からなり、一般市民間の権利義務関係のルールを定めた一般法です。今回の改正はお金の貸し借り等一般市民の間で取引される際の契約のルール、講学上「債権法」と呼ばれる領域について、これまで蓄積されてきた裁判例や特別法によって定められてきたルールを民法に取り込み、明文化し、かつ、時代の変化に合わせて一新させたものです。

　新潟県弁護士会は、2009年に消費者保護委員会のPTメンバーが中心になって、『Q&A保証人110番〔全訂2版〕』を刊行しました。また、2012年8月の関東十県会夏期研修会では、1993年の夏期研修会で発刊した『保証の実務（保証否認から求償まで）』を全面改訂して『保証の実務（保証契約の不成立から求償まで）〔新版〕』を刊行して、各弁護士会や金融機関等を中心とする皆様から好評を博してきました。

　さて、このたび、発刊に至った『保証のトラブル相談Q&A』は、夏期研修会準備特別委員会委員、民事法問題特別委員会および消費者保護委員会の委員の各有志が、2017年改正民法による変更点や追加点を取り込み、再び、『保証の実務』の全面改訂が必要とされることから、継続的に勉強会を開催して討議や執筆等を重ねていたところ、一定の成果が得られたため出版に至ったものです。

　本書は、当会若手会員が飽くなき研究心と探求心をもって問題点に取り組み、地道な努力を重ねてきたことの結晶であると言っても過言ではありません。本書は単に2017年改正民法に対応しているだけでなく、これまでの最新裁判例・学説等を確認することができるものですので、実務や学業において、大いに活用いただければ幸いでございます。

　2018年12月

新潟県弁護士会会長　　小泉　一樹

目　次

```
┌─────────────────────────┐
│  『保証のトラブル相談Ｑ＆Ａ』  │
│        目　次              │
└─────────────────────────┘
```

第1章　保証契約をめぐる基礎知識

Q1　保証被害の歴史について教えてください ……………………… 2

Q2　保証契約に関する法改正の動向を教えてください ………… 4

Q3　保証契約とはどのようなものか ……………………………… 7

《コラム①》消費貸借契約と2017年民法改正

第2章　保証契約の成立・有効性をめぐるトラブル

Q4　保証契約は口頭でも成立するか ……………………………… 12

Q5　保証契約書・保証書に記載すべき内容は何か ……………… 16

Q6　立会人・証人の肩書で署名・捺印した場合、保証人として
の責任を負うか ………………………………………………… 20

Q7　手形保証（裏書など）をした場合、保証人としての責任
を負うか ………………………………………………………… 23

Q8　損害担保契約と保証契約の違いは何か ……………………… 26

Q9　債務引受と保証債務の違いは何か …………………………… 29

Q10　保証人になることを口頭で承諾し、借主を代理人として
保証契約が締結された場合も責任を負うか ………………… 32

Q11　保証人欄に身に覚えのない自分の実印の印影がある場
合、保証人の責任を負うか⑴ ………………………………… 36

Q12　保証人欄に身に覚えのない自分の実印の印影がある場
合、保証人の責任を負うか⑵ ………………………………… 40

Q13　勝手にクレジット申込書を記載・提出された場合でも、

目 次

追認すれば保証人の責任を負うか ……………………………… 44

Q14 身に覚えのない保証債務の請求に対し、一部を弁済して
しまった場合、保証契約の追認になるか ……………………… 46

Q15 事前の説明と実際の保証契約の内容が異なる場合、契約
後に保証人をやめることができるか（総論）………………… 49

Q16 事前の説明と実際の債権者が異なる場合、保証契約を取
り消すことはできるか（錯誤各論①）………………………… 53

Q17 事前の説明と実際の債務者が異なる場合、保証契約を取
り消すことはできるか（錯誤各論②）………………………… 57

Q18 事前の説明と実際の債務者の資力が異なる場合、保証契
約を取り消すことはできるか（錯誤各論③）………………… 59

Q19 事前の説明と異なり他の保証人がいなかった場合、保証
契約を取り消すことはできるか（錯誤各論④）……………… 63

Q20 事前の説明と実際の保証金額が異なる場合、保証契約を
取り消すことはできるか（錯誤各論⑤）……………………… 66

Q21 保証した債務が架空の売買契約であった場合、保証人の
責任を負うか …………………………………………………… 69

Q22 クレジットカードの立替払いをした契約が解除された場
合、保証人はカード会社に責任を負うか …………………… 73

《コラム②》売買契約における売主の担保責任

Q23 恐怖を感じその場から逃れたい一心で保証契約をした場
合、契約を取り消すことができるか ………………………… 77

Q24 未成年者が保証契約を締結した場合、その未成年者は保
証人の責任を負うか …………………………………………… 81

〔表1〕子どもの年齢による場合分け表

Q25 親権者が本人に無断で保証契約を締結した場合、本人は

3

目 次

保証人の責任を負うか（代理権の濫用）……………………… 85

Q26 認知症を患った後に保証契約を締結した場合、保証人の
責任を負うか、また予防策等はあるか ……………………… 88

《コラム③》請負契約と2017年民法改正

Q27 保証人になることへの同意後、撤回することはできる
か、契約書に署名押印した場合も可能か ………………… 93

Q28 経営者保証において、公正証書を作成することが必要な
保証人にはどのような者がいるか ………………………… 96

《コラム④》金融庁監督指針

Q29 経営者保証において、保証人に求められる公正証書作成
の具体的手続はどうなっているか ………………………… 101

《コラム⑤》経営者保証ガイドライン

第3章　信用情報をめぐるトラブル

Q30 保証人は主債務者が期限の利益を喪失したことを知るこ
とができるか ………………………………………………… 108

Q31 保証人となろうとする場合に主債務者の信用情報を知る
ことができるか ……………………………………………… 111

Q32 保証人は主債務の履行状況を知ることができるか ……… 115

第4章　主債務の範囲をめぐるトラブル（根保証含む）

Q33 根保証とは何か ……………………………………………… 120

Q34 2017年民法改正の根保証人保護の拡充策の内容は何か ……… 125

Q35 事業者が金融機関から借り入れる際の保証書の特約の内
容は何か、2017年民法改正の影響はあるか ……………… 129

4

目　次

Q36 勤務先が行う継続的売買取引の保証をして勤務先が倒産
した場合、どのような責任を負うか ……………………… 133

Q37 賃貸借契約の保証人になったが、賃貸借解除後、引渡未
了のため発生した賃料相当額を請求された ……………… 136

《コラム⑥》賃貸借契約と2017年民法改正

Q38 友人の事業の継続的売買取引を保証しているが、業績が
悪化しており、保証人をやめたい ………………………… 141

Q39 息子の雇用について身元保証をしたが、どのような責任
を負うか ……………………………………………………… 145

Q40 保証契約締結後、主債務の借入額が変更された場合、保
証人の責任はどうなるか …………………………………… 149

第5章　履行状況をめぐるトラブル

Q41 亡くなった夫が保証人になっていたが、保証債務も相続
されるのか、また根保証の場合はどうか ………………… 154

Q42 消滅時効によって保証人が責任を免れることができるの
はどのような場合か ………………………………………… 157

《コラム⑦》消滅時効と2017年民法改正

Q43 債務者が債権者に対して相殺できる債権を有している等
の場合、保証人は債務全額の責任を負うか ……………… 161

Q44 債権者が債務者に対して債務の免除をした場合、保証人
の責任も縮減するか ………………………………………… 165

Q45 債権者の抵当権設定登記の遅延で一部債権が回収できな
い場合、保証人は債務全額の責任を負うか ……………… 168

Q46 主債務者について破産手続開始決定が出た場合、保証人
はどのような影響を受けるのか …………………………… 171

5

目　次

第6章　保証人の弁済・求償をめぐるトラブル

Q47 保証債務弁済後に主債務者が破産した場合、弁済した金
銭は主債務者に請求できるか ………………………………… 176

Q48 保証債務の半額を弁済した場合、保証人は主債務者にい
くら請求できるか …………………………………………… 178

Q49 保証人が弁済した場合、主債務者が設定していた抵当権
の実行や他の保証人へ求償はできるか ……………………… 181

Q50 保証人が弁済をする際、主債務者に対する通知などが必
要か、怠って弁済した場合はどうなるか …………………… 185

〔**表2**〕2017年民法改正における通知義務の新旧比較

Q51 主債務者が死亡した場合、相続人に求償請求できるか、
また保証債務を弁済しない方法はないか …………………… 189

Q52 保証債務の一部を弁済した場合、債権者が申し立てた抵
当権の競売手続に参加できるか ……………………………… 193

Q53 求償権は時効消滅するか、時効消滅する場合、時効期間
はどのようになるか …………………………………………… 196

Q54 保証人が複数存在する場合、負担割合はどうなるか、債
務全額を支払わなければならないか ………………………… 200

Q55 保証人の中に破産手続開始決定を受ける等、資力のない
保証人がいる場合、負担割合はどうなるか ………………… 203

Q56 他の連帯保証人が死亡した場合、その相続人に対して求
償請求できるか ………………………………………………… 205

目　次

第7章　救済に向けた相談・法的手続

Q57 借金があり保証債務の弁済が困難なため、債務を整理し
たいが、どのような方法があるか ……………………………210
《コラム⑧》保証人が訴訟を起こされた場合の対応
Q58 自己破産手続とはどのようなものか …………………………213
Q59 個人再生手続とはどのようなものか …………………………217
〈図〉基準債権額と計画弁済額の関係
Q60 特定調停とはどのようなものか ………………………………222
Q61 保証債務の支払いができずに困った場合、どこに相談し
たらよいか ………………………………………………………225

資　料
【資料】保証人保護の方策の適用関係（民法）…………………………… 230

・執筆者一覧 …………………………………………………………… 231

7

凡 例

凡　例

[法令]　※カッコ内は条文引用時

（民法）	民法の一部を改正する法律（平成29年法律第44号）施行後の民法
旧民法	民法の一部を改正する法律（平成29年法律第44号）施行前の民法
特定調停法	特定債務等の調整の促進のための特定調停に関する法律

[判例集・文献]

民録	大審院民事判決録
民集	大審院民事判例集、最高裁判所民事判例集
集民	最高裁判所裁判集民事
判時	判例時報
判タ	判例タイムズ
金法	金融法務事情

[その他]

部会	法制審議会民法（債権関係）部会
全国銀行協会	一般社団法人全国銀行協会
日本クレジットカウンセリング協会	公益財団法人日本クレジットカウンセリング協会

第1章

保証契約をめぐる基礎知識

第1章　保証契約をめぐる基礎知識

Q1 保証被害の歴史について教えてください

保証人は他人の債務の支払いのため過酷な状態に置かれ、中には自己破産した例もあると聞いたことがあります。自分でしたことなので自業自得なのでしょうか。

▶ ▶ ▶ Point
・保証による破綻は、自己責任だけとはいえない「被害」の性質があります。

1 保証被害の歴史

保証人は、ひとたび主債務者が破綻すると、保証人の全財産を処分してでも支払いを求められる厳しい立場にあります（Q3参照）。

これまでも、保証債務に苦しんだ人は多かったと思いますが、特に、1991年頃からのバブル経済の崩壊に伴い、巨額の保証債務が現実化する事態が頻発しました。抵当権が設定された不動産の価格が高騰している限り、主債務者の債務の返済が困難になることはなかったのですが、株価の急激な下落や土地価格の低下などによって主債務者が倒産し、金融機関などの債権者が保証人に対して現実に支払いを求める事態となったのです。

また1990年代後半から、不況下で銀行からは借入れできない主債務者に対して、商工ローンが高利で貸し付けるようになりました。商工ローンは、当初から保証人からの回収を意図しており、強引な取立てなどが社会問題化し、保証による被害の実態が浮き彫りになりました。

この結果、自分が借入れしたわけでもないのに、財産を全部処分しても保証債務の支払いが困難となって、自己破産（Q58参照）を余儀なくされる保証人が発生しました。

2

バブル崩壊以降、個人の自己破産の件数は急増し、最も多い2003年には全国で24万人を超える事態となりましたが、日本弁護士連合会の調査では、このうち約25％程度（約6万人）が、保証をしたことを原因として自己破産したことがわかっています。

破産は、制度上はこれまでの債務を切り離して、保証債務の支払義務を消滅させるものではありますが、現実には、信用取引が困難となり、再度立ち直ることはなかなか困難な実情にあります。

また、経済・生活苦を原因とする自殺者も1990年以降急増しました。自己破産の約25％が保証を原因としていることからすると、保証を原因とする自殺者も相当数いることが推察されます。

さらに、保証人は家族をもっている方々であったり、中小企業の経営者であったりすることが多いと思われ（このような方々が保証人として適当とされることがその理由です）、破産や自殺による人的・物的な影響が全く何の責任もない配偶者・子・従業員へと広範に及び、かつ、深刻な事態を引き起こすことになります。

2 被害の性質をもつこと

自分でも支払いきれない債務について、保証契約を締結したことは、軽率であったとはいえます。

しかし、Q3で説明するとおり、保証は、親戚や友人などから依頼されて、自分の利益にはならないのに、もっぱら善意ですることが多く、また、主債務者が破綻しない限りは現実化しないことから、リスクは大きくないだろうと安易になされることも多いと思います。こうした実情からすると、保証人だけの自己責任であるとはいえず、やはり「保証被害」という被害の性質をもつ深刻な社会問題といえます。

したがって、保証人にさせない、保証人になったとしてもその責任を限定する方向での、法や政策が必要なのです。

第1章　保証契約をめぐる基礎知識

Q2　保証契約に関する法改正の動向を教えてください

保証契約に関する近年の法改正の流れや内容を教えてください。

▶▶▶ Point
・2017年の民法改正では、保証被害を減らすために、個人の保証について、保護規定が設けられましたが、個人の保証制度が廃止されることはありませんでした。

① これまでの改正など

保証による責任は、自己責任だけとはいえず、保証被害と呼ぶのが適切だと思います（Q1参照）。国もこのことを認識して、法律の整備や政策を実行してきました。ここでは主なものを紹介します。

⑴　個人再生手続の創設

1999年に、保証人も含めた債務者が破産をすることなく、個人債務者の再生を図るために民事再生法が改正されました。

これにより、破産を回避し、一定の支払いをすることでこれまでの債務をなくし、再生することが可能となりました（詳細はQ59参照）。

⑵　2004年の民法改正

保証契約は、当事者の合意だけで成立していましたが、2004年に民法が改正され、保証契約の成立要件として、書面にすることが求められました。安易な保証を防止し、保証意思を明確にするためのものです（詳細はQ4参照）。

同時に、根保証（Q33参照）のうち融資による債務を保証するものについて、個人が保証する場合には、極度額の定めのない保証契約は効力を生じない（額が不明な包括的な保証は禁止）こととされ、また元本確定期日が法定さ

4

れました。

　もっとも、書面を求めるだけでは、保証人保護としては不十分でした。融資に関して極度額を定めたことは、商工ローンに対する保証人保護に一定の役割を果たしましたが、なお、根本的な保証人保護のための制度を求める声が多くありました。

(3) 貸金業法の制定

　そこで、2006年に貸金業法が制定（改正）され、いわゆる「総量規制」により過剰融資が禁止され（貸金業者からの借入残高が年収の3分の1を超える場合は新たな借入れはできない）、借主の返済能力の調査が徹底されることになりました。保証人の責任が発生する事態をできる限り防止するための措置でもあります。また、貸金業法では、業者が保証人に対して、主たる債務者の弁済が確実であると誤解するおそれのあることを告げる行為を禁止するとともに、書面を保証人に交付する義務を定めました。

(4) 金融庁の金融機関向け監督指針

　2011年には、金融庁から、金融機関に向けて、経営者やこれに準じる人は別として、「自署・押印した書面によって、自発的な意思に基づく申出を行った個人の第三者以外」には、個人の連帯保証を求めてはならないとの指針が示されました。

② 2017年の民法改正

　このような中で、2017年に民法（債権法）の改正がなされました。本書は、この改正に基づいた内容になっています（2020年4月1日施行予定）。保証に係る内容の概略は次のとおりです（詳細はQ28・Q29・Q33以降参照）。

① 　個人の保証を全面的に禁止するとの法改正にはなりませんでした。

② 　極度額を定めなければ効力のない契約の範囲が、個人の根保証契約一般に拡大されました。

　　これによって、賃貸借契約などの保証人も保証額の上限が書面で示さ

第1章　保証契約をめぐる基礎知識

れることになりました。

③　事業に係る債務を主たる債務とする個人保証契約は、契約の前に保証
意思を公正証書によって表明しなければならないとされました。

　　保証人が、自身が保証する債務の内容を理解しているかについて事前
に公証人が確認するので、保証契約のリスクを慎重に検討する機会が制
度化されたことになります。

④　主たる債務者は、保証契約締結の際に、財産および収支の状況その他
の資産状況に関する情報を提供しなければならないとされました。

　　これによって、保証人は、主債務者の資力について情報が得られるよ
うになりました。

⑤　頼まれて保証人になった場合、保証人は債権者に対して、債務の残額
や支払状況などの情報提供を求めることができるようになりました。

⑥　主たる債務者が一括で支払いをしなければならなくなったとき（期限
の利益を喪失したとき）は、債権者は個人の保証人に対して2カ月以内
に通知をしなければならないことになりました。

⑦　時効に関する規定が全面的に改正されました。

　これらの改正によって、保証人としてのリスクを考えないまま安易に保証
人になったり、多額の債務であることを知らないまま保証するような事態は
ある程度避けることができるようになったものと思われます。

3　今後の課題

　個人保証制度をなくせば、保証被害発生を根絶することができますが、
2017年民法改正では個人保証制度は残りました。

　個人保証という制度がある以上は、個人保証がなくなるわけではなく、今
後も、保証被害が発生することは確実です。

　それでも今般の民法改正は、保証被害をより少なくする方向への改正であ
ることは間違いありませんので、十分に活用することが求められます。

6

Q3　保証契約とはどのようなものか

Q3　保証契約とはどのようなものか

> 従兄弟Aから、B信用金庫から借り入れる自動車ローン200万円の保証人になってくれないかと依頼されました。私はこれまで保証人になったことがありません。保証契約、保証債務、保証人というのはどういうものですか。

▶ ▶ ▶ Point
① 保証契約を締結して保証人になるのは自分には利益のないことなので慎重にしましょう。
② 債務者が支払いを滞るときは、保証人が責任（保証債務）を負うことになりますので、負担を覚悟したうえで保証人になることが必要です。

1　保証契約とは

　AはBから200万円を借り入れました。保証とは、A（債務者または主たる債務者）が借りた200万円の債務の支払いをB（債権者）に対してしない場合に、債務者でないあなた（C。保証人）が、支払いをする責任を負うことをいいます（その責任を「保証債務」といいます）。

　保証契約は、BとCとの間で、Cが保証することを約束する契約で、書面にすることによって成立します（書面の必要性はQ4参照）。AとCとの契約ではありませんので注意してください。

　なお、連帯保証契約については、Q54を参照してください。

2　保証契約の特徴

　BがAだけでは返済が心もとないと考えたときに、A以外からも回収がで

7

第1章　保証契約をめぐる基礎知識

きる方法があれば、信用のないＡにも貸すことが可能になります。保証人はそのためのもので、「人的担保」といわれます。この結果、Ｂは回収可能性が高くなり、貸しやすくなるので、Ａは借り受けることができるようになります。

しかし、Ｃ（保証人）には何の経済的利益もなく、Ａが支払えないときに全部の責任を負わされる立場でしかありません（中には、保証を仕事としている団体などがありますがここでは触れません）。保証人の責任は、主債務者と同様ですから、保証人の資力の範囲内の責任というわけにはいかず、全額を支払う責任が生じます。

多くの場合、債務者からは「迷惑をかけない」と言われ、債務者が正常に支払いをしている間は保証債務が現実化することがないことから、具体的なリスクを自覚することが難しいところがあります。そして、債務者が債務を弁済できずに保証債務が現実化するのは、保証契約の締結からある程度の年月を経過していることが多く、忘れた頃に、多額の請求をされることになります。

保証制度はＡとＢ（借りる側と貸す側）にとって大変有用な制度ですが、Ａを信用したＣの犠牲で成り立っているものといえます。

３　保証契約は慎重に

そのようなリスクしかない契約であるにもかかわらず、親戚、友人、知人、先輩・後輩から、「保証は形式だけだから、絶対に迷惑をかけないから」と言われて断りきれず、保証人になる人が多い実情があります。

保証契約は、お金を借りたい債務者から依頼されることが多いと思いますが、先ほども説明したように債務者との契約ではありません。したがって、債務者が保証人に「迷惑をかけることはない、債権者からは請求されることがない」と約束をしても、その約束が債権者を拘束するわけではありません。

8

Q3　保証契約とはどのようなものか

　従兄弟の方からの依頼を断りにくい事情がありうることはわかりますが、もしもの場合は、最大で200万円、それに加えて利息・遅延損害金の支払いを現実にさせられることがあることを具体的に想像し、そのことを覚悟したうえでなければ、保証契約を締結しないほうがよいでしょう。

　保証人が支払いをしたときは、債務者に請求できるので何とかなるだろうという判断も危険です。債権者に支払うことができなかった債務者が、保証人への支払いを請求されて支払う可能性はほとんどないと思いますし、自己破産（Q58参照）されてしまうと法的にも回収することができなくなります。結局、保証人は責任を負担させられるだけの結果となってしまいます。

　どうしても保証人にならざるを得ない場合は、保証契約の内容を確認し、債務者から資力の説明を十分に受けたうえ、自分の資力の範囲内ですべきです。

9

第1章　保証契約をめぐる基礎知識

コラム① 消費貸借契約と2017年民法改正

1 消費貸借契約は保証が利用される典型的場面

消費貸借契約とは、当事者の一方が種類、品質および数量の同じ物をもって返還することを約して相手方から金銭その他の物を受け取ることによって成立する契約です（民法587条）。金銭を目的物とする消費貸借契約が典型例です。以下では、2017年民法改正における消費貸借契約についての改正内容の要点を説明します。

2 諾成的消費貸借契約の明文化

2017年改正前の民法では、消費貸借契約は、借主が貸主から金銭その他の物を「受け取ること」が契約の成立要件とされていましたが、判例では、当事者の合意だけで成立する消費貸借契約（諾成的消費貸借契約）も認められていました（最判昭和48年3月16日金法683号25頁）。

今回の改正により諾成的消費貸借契約が明文化され、書面でする消費貸借契約は、物の交付がなくても成立することになりました（民法587条の2）。

諾成的消費貸借契約の締結後、目的物引渡し前であれば、借主はいつでも契約を解除することができます（民法587条の2第2項）。ただし、貸主は、借主の解除によって損害が発生した場合には、借主に対してその損害の賠償を求めることができます（同項後段）。

なお、目的物引渡し前に借主から解除された場合、貸主は、利息相当額の損害賠償請求することができるように思えますが、事業として貸付けを行っている者は、解除されれば他の顧客に金銭を貸し付けることができますので、通常は、損害は生じないと考えられます。

3 期限前弁済における賠償義務

弁済の期限が定められた消費貸借契約でも、借主は期限前に弁済することができます（民法591条2項）。ただし、貸主は、期限前弁済によって生じた損害の賠償を借主に請求することができます（同条3項同項はこれまでの実務を条文化したものです。）。

なお、貸付けを行う事業者は、期限前に弁済された金銭を新たに他の顧客に貸し付けて利息をとることで収益を上げることができますので、通常は、期限前弁済によって損害は生じないと考えられます。

第2章

保証契約の成立・有効性をめぐるトラブル

第2章　保証契約の成立・有効性をめぐるトラブル

Q4　保証契約は口頭でも成立するか

保証契約は口頭でも成立するのでしょうか。

▶ ▶ ▶ Point

① 保証契約は書面ですることが必要です。

② 保証人が債権者に対して保証すると口頭で約束しても保証契約は成立せず、保証人の責任は発生しません。

1　2004年の民法改正前

2004年の民法改正前は、保証契約は債権者と保証をする者との間の合意だけで成立し、保証契約の成立を示す書面の作成は必要ではありませんでした。貸金に対する保証を例にとって説明すると、保証をする者が貸主に対して借主の債務を保証する旨の意思表示をするだけで保証契約は成立します。もっとも、これでは、後日紛争となった際に保証の合意の成立を証明することが困難なので、書面を作成するのが普通ですが、書面がない場合であっても、裁判で保証意思があったと認定がされれば保証人の責任が認められていました。

2　2004年の民法改正

2004年に「保証契約は、書面でしなければ、その効力を生じない」（民法446条2項）と規定されました。なお、電磁的記録も書面にみなされます（同条3項）。また、金銭の借入れに関する根保証契約については、極度額と元本確定期日についても、上記の書面に記載すべきこととされました（民法465条の2第3項・465条の3第4項）。

12

債務者の金銭の借入れに利害関係のない友人や親戚が、無償で安易に保証人になる実情があることから、書面が必要であるとすることにより保証契約の締結を慎重にさせ、かつ、書面により保証意思が明らかになっている場合に限り、保証契約の成立（法的拘束力）を認めるという趣旨です。

③ 2017年民法改正の概要

2017年の民法改正では、すべての保証契約について書面を必要とする上記規定がそのまま維持され、金銭の借入れに関する根保証契約だけではなく、個人がする根保証契約では極度額等を書面で明らかにしなければ保証契約の効力を生じないとされました（詳細はＱ33・Ｑ34を参照）。

さらに、個人がする事業の貸金等の債務に関する保証契約・根保証契約では、保証契約の締結の前に、保証債務を履行する意思を表示した公正証書を作成しなければ、保証契約の効力を生じないと規定されました（詳細はＱ35・Ｑ36を参照）。これは個人の保証人の保護をより拡充する趣旨です。

2017年の民法改正では、上記の書面による契約の規定だけではなく、かなり広範な改正がされていますが、すべての保証契約に適用される規定、特定の保証契約だけに適用される規定がありますので注意が必要です（詳細はＱ34を参照）。

④ 要求される書面の形式・内容

民法上は、「保証契約は、書面でしなければ、その効力を生じない」（民法446条2項）とされているだけで、書面の内容は法で定められてはいません（詳細はＱ5参照）。ここでは、形式面について説明します。

(1) 書面の形式

まず、契約ですから債権者と保証人との間で契約書を作成するのが原則ですが、書面を要するという趣旨は、保証人の保証意思が書面上表示されて外部に明らかになっていることにありますので、保証書の差入れによる方法で

もよいとするのが一般的な見解です。もっとも、保証契約に書面を要する以上、債権者と保証人との間で保証契約書を作成することが必要であるとする考え方もあります。保証契約を慎重にさせるとともに、後日の紛争を防止するという観点からは、保証契約書の作成が必要であるとの考え方にも相当の合理性があり、実務的には保証契約書を作成することが望ましいと思われます。

(2) 署名または記名押印の要否

次に、その書面に必ず保証人の署名または記名押印が必要であるかが問題となります。民法上は、書面にするとなっているだけですので、その契約書または保証書に保証人の署名または記名押印は必要ではなく、その書面上で保証人の保証意思（自分の意思に基づいて保証していること）があらわれていると認められるものであれば足ります。たとえば、電磁的記録も書面とみなされることから、電子メールのやりとりの中で、保証人が保証する旨の意思表示をしている場合には、電子認証がなくとも保証契約は成立することになります。

もっとも、書面で保証契約を締結する場合や、保証書の差入れをする場合に、保証人の署名または記名押印のないものでは、保証人の意思に基づいて保証したことを立証することは困難なことが多いので、実質的には、保証人の署名または記名押印が必要であると理解しておいて間違いはないと思います。

(3) 保証契約書交付の要否

さらに、書面が債権者に交付されることが必要であるかが問題となります。つまり、保証契約が締結されて契約書が取り交わされた場合には問題になりませんが、保証を口頭で合意した後に保証書を作成したものの、その保証書を債権者に差し入れなかった場合でも保証契約は成立しているかが問題となります。この点について、確立した考え方はありません。契約成立・不成立どちらの考え方も成り立つと思いますが、書面が作成されれば契約は有

効に成立したという解釈が有力ではないかと思います。もっとも、保証書の差入れがないことから、保証が口頭で合意されたことの証明が困難になることも予想されますので、実務的には、債権者は必ず保証書を取得しておくべきでしょう。

5 書面でされなかった保証契約の効力

　書面でされなかった保証契約は、効力が生じないこととなります。したがって、口頭で保証した者が保証契約を有効であると考えて保証相当額を支払ってしまった場合でも、保証債務の支払いがされたものとして有効になることはありませんので、すでに支払ったものを返してもらうことが可能です（詳細はＱ13を参照）。

第2章　保証契約の成立・有効性をめぐるトラブル

Q5　保証契約書・保証書に記載すべき内容は何か

保証契約書や保証書にはどのような記載があればよいのでしょうか。

▶ ▶ ▶ Point
・保証契約書には、保証契約の重要な内容（要素）である、債権者、保証
人、主債務者、主債務の額、主債務の範囲の記載が必要です。

1　保証契約成立・不成立の判断の仕方

Q4で説明したとおり、契約は一般に当事者間の合意で成立しますが、書面によることが必要な保証契約はその例外です。このことは保証契約成立・不成立の判断に影響を与えます。保証契約の成立は次の順序で判断するのが適切だと思います。

①　保証契約の合意（保証意思）の有無を確認する。
　　↓
②　書面による契約になっているか確認する。

①は、書面の記載内容も当然資料になりますが、その他の事情も含めて保証意思の有無を検討し、保証意思がないと判断されれば、保証契約は成立しません。保証意思があると判断されれば、次に②書面になっているかを判断しますが、ここで保証契約書に記載が必要とされる内容が問題となります。

2　保証契約書または保証書に記載すべき内容

記載内容は民法に規定がありません。そこで、書面の内容を厳格に考える立場（考え方A）と、当事者間の契約の意思解釈の問題に重点を置き、書面にはその保証意思が表示されていればよいとして書面の内容をあまり重視し

16

ない立場（考え方Ｂ）に考え方が分かれることになると思われます。

(1) 書面の内容を厳格に考える立場（考え方Ａ）

Ａの考え方は、書面が必要であるという民法の趣旨から、保証意思のほか、保証契約の重要な内容（要素）が書面で表示されていることが必要とするものです。保証契約の重要な内容（要素）は、債権者、保証人、主債務者、主債務の額（額の記載がなくても客観的に確定できる記載内容であれば可）、主債務の範囲（債務の発生原因、弁済期、利息を含む）、連帯の有無であると考えられます。

この考え方は次のことを根拠にしています。まず、根保証では額の定めが書面に記載されるべきものとなりましたので（この点についてはＱ33・Ｑ34を参照）、根保証以外でも、これと同じように考えて書面上「主債務の額」が必須であるとの考え方は可能ではないかと思われます。

また、2017年の民法改正により、事業のために負担した貸金等債務についての保証契約・根保証契約について、あらかじめ、保証意思を公正証書で表示することが必要となりました（民法465条の6。詳細はＱ28・Ｑ29を参照）。この公正証書は、保証契約書そのものではありませんが、債権者・主債務者・主債務の元本および利息、違約金などの定めについて、保証人になろうとする者が公証人に口述することを求めています。この規定は、上記の事項が保証契約の重要な内容（要素）であると考えていると理解できます。

もっとも、形式上の記載に不備があった場合のすべてを保証契約不成立とするものではなく、書面の記載内容を手がかりとして上記事項を合理的に確定できる場合は書面による契約であると認める余地はあります。

(2) 書面の内容をあまり重視しない考え方（考え方Ｂ）

これに対して、考え方Ｂは、書面を作成することは保証意思を外部に表示することであるから、書面にすべき事項は保証意思だけで足り、その他の具体的な内容については、書面以外の事情も含めて当事者間において合意があったと認定できれば、書面化されているものとして保証契約の成立を認め

第2章　保証契約の成立・有効性をめぐるトラブル

ることができるというものです。たとえば、特定額の借入金について保証人になろうとする者から保証する旨の意向表明があったことが認められる事実関係があり、上記1①（保証意思）をクリアしている場合でも、その額の記載が保証契約書になければ、考え方Aでは同②（書面性）を充足していないので保証契約は成立しないことになります。

　他方、考え方Bでは、保証人に特定債務の特定額について保証する意思を認定でき、書面上、保証意思があらわれていれば、保証契約は有効に成立したと認めることになります。

(3)　裁判例

　保証契約について書面を要すると定めた2004年の民法改正後の判決例として、大阪高判平成20年12月10日金法1870号53頁があります。この事例は、金銭消費貸借契約書の記載が、「保証人」という表示ではなく、「借主」という表示になっていたことについて、保証意思と書面性が認められるかということが争点になりました（主債務者は別にいました）。判決は、保証人には上記1①（保証意思）が認められるとしたうえで、表示が「借主」であっても保証意思が外部的に明らかにされており、同②（書面性）も充足しているので、保証契約は成立していると判断をしました。考え方Bに近いものです。

　考え方Aからするとこの判決には問題があります。借主との記載がある以上保証契約と判断することは困難であり、書面による契約とはいえず保証契約は不成立であると考えられるからです。これに対して、借主の責任は保証人の責任以上のものであるからこれを含んでおり、形式的不備をもって保証契約が不成立というのは適切ではないとの考え方Bからの反論があり得ますが、それではすべて意思解釈の問題となってしまい、書面による契約を求めている法の趣旨に反します。

3　保証意思の認定のあり方

　これまでの実務は、当事者の意思解釈を重視する傾向がありましたが、上

記⑴①および②と段階を分けたうえで、保証意思の認定と書面を要すること
について厳格な解釈をする考え方Aのほうが適切です。

この点について、東京高判平成24年1月19日金法1969号100頁が次のとお
り判示しています。「民法446条2項の趣旨及び文言によれば、同項は、保証
契約を成立させる意思表示のうち保証人になろうとする者がする保証契約申
込み又は承諾の意思表示を慎重にかつ確実にさせることを主眼とするものと
いうことができるから、保証人となろうとする者が債権者に対する保証契約
申込み又は承諾の意思表示を書面でしなければその効力を生じないとするも
のであり、保証人となろうとする者が保証契約書の作成に主体的に関与した
場合その他その者が保証債務の内容を了知した上で債権者に対して書面で明
確に保証意思を表示した場合に限り、その効力を生ずることとするものであ
る。したがって、保証人になろうとする者がする保証契約の申込み又は承諾
の意思表示は、口頭で行ってもその効力を生じず、保証債務の内容が明確に
記載された保証契約書又はその申込み若しくは承諾の意思表示が記載された
書面にその者が署名し若しくは記名して押印し、又はその内容を了知した上
で他の者に指示ないし依頼して署名ないし記名押印の代行をさせることによ
り、書面を作成した場合、その他保証人になろうとする者が保証債務の内容
を了知した上で債権者に対して書面で上記と同視し得る程度に明確に保証意
思を表示したと認められる場合に限り、その効力を生ずるものと解するのが
相当である」との一般論を述べたうえで、証拠として提出された「契約書
（連帯保証人欄に保証人とされる者の記名押印があったもの）」は、保証人の意思
に基づいて作成されたものとはいえないとして、書面による保証契約ではな
いとしました。

この判決の一般論は、これまでの保証意思の認定がやや安易であったこと
を反省し、上記⑴①について、民法446条2項の趣旨を踏まえた認定が必要
であること、同②についても前述の記載事項のある書面が必要であることを
示唆するもので、考え方Aに近く高く評価されます。

19

第2章　保証契約の成立・有効性をめぐるトラブル

Q6 立会人・証人の肩書で署名・捺印した場合、保証人としての責任を負うか

友人が中古自動車を買った際に、販売会社から中古自動車の売買契約書に私の署名を求めてきました。私は、「立会人〇〇〇〇」と署名しましたが、保証人としての責任を負うのでしょうか。

▶▶▶ Point
・立会人や証人の肩書では、保証人としての責任は問われません。

1 保証意思なく「立会人」の肩書で署名した場合の責任

Q4・Q5で説明したように、保証人に責任が生じる（保証契約が成立したと認められる）のは、①保証意思があり、②それが書面によっていることが必要です。

設問の場合は、「立会人」の肩書で署名したというものですので、まず上記①の保証意思があったか否かが問題となります。販売会社や主債務者の友人は、あなたが保証する意思で署名してくれたと思ったようですが、書面では「立会人」となっています。「立会人」という用語は、字義上からも保証人であるとは理解できず、そのような社会通念もありません。また、売買契約書にはあなたが販売代金を保証する趣旨の文言の記載もないと思われます。したがって、あなたに保証意思があったと認めることは困難ですので、書面による契約となっているか否かを問題にするまでもなく、保証契約は不成立であり、あなたは保証人の責任を問われません。

また、肩書が「証人」であった場合も、「証人」という用語に保証人の意味はないので同様の結論になると考えられます。

20

2 　保証意思があり、「立会人」の肩書で署名した場合の責任

　この場合はQ5で説明したとおり、2つの考え方があります。

　書面によることを厳格に考える立場（Q5②の考え方A）からは、保証意思が証拠上明確に認められる場合（たとえば、債権者と保証人との間での保証の合意を利害関係のない第三者が聞いていた場合）であっても、「立会人」、「証人」という用語は字義上、保証人を意味していないので書面によっているとはいえず、保証契約は不成立であると考えます。

　これに対して、署名時点で保証意思があった（債権者と保証人との間で保証することについて合意があった）と認定できる事実があれば、書面の記載内容はあまり重視せず、たとえ「立会人」、「証人」という肩書で署名した場合でも、その趣旨は保証する意思を表明するためのものであったとして、保証人としての責任が認められるという考え方（Q5②の考え方B）もあり得ます。もっとも、この立場でも、外部に表明されている意思の認定では書面が最も重要な証拠になるといえます。「立会人」、「証人」という肩書の場合には、簡単には保証意思があったとは認められませんので、書面を重視する考え方と結論は異なることはあまりないものと思われます。ただし、前述のとおり保証意思について明確に確認できる場合には、保証契約の成立が認められることになるでしょう。

3 　保証契約成立の認定のあり方

　これまでは、裁判官・弁護士ともあまり書面になっているかには十分な関心を払わず、保証意思の認定に重きをおいてきた傾向があったのではないかと思います。しかし、保証人保護の観点からすると、そのような解釈はすべて意思解釈の問題となってしまいかねず、保証契約の成立には書面が必要であるとする法の趣旨を無意味にするおそれがあります。保証意思の認定に重きをおき、書面にあまり関心をもたなかったこれまでの実務は反省されるべ

第2章　保証契約の成立・有効性をめぐるトラブル

きものではないかと考えます。

　刑事法では、適正な手続によらないで入手した証拠では犯罪者を有罪にできないという原則があります。保証契約においても、たとえ当事者間で保証契約について合意があったときでも、保証の意思を表明をしたと理解できる書面の作成が保証契約成立のための手続として必要であり、一見して保証の意思を表明した書面であると理解できないときは、当事者間の意思解釈をすることなく、保証契約は成立しないと認定をすべきではないかと思います。

　保証意思が明確な書面を必ず作成する必要があり、そうでなければ保証契約は成立しないという認識が浸透していけば、実務も適正なものになるのではないでしょうか。

　債権者としては、保証人になろうとする者から、直接保証意思を確認したうえで、あいまいな文言を使用していない書面で明確に保証してもらわなければ、今後保証人の責任を問うことはできないと認識したほうがよいと思います。

22

Q7 手形保証（裏書など）をした場合、保証人としての責任を負うか

Q7 手形保証（裏書など）をした場合、保証人としての責任を負うか

> 知人が自動車を購入し、代金は約束手形で払うことになりました。その際、約束手形に裏書をして保証してほしいと依頼されて、裏書をしました。手形の満期から3年以上経過したところ、売主から民事上の保証をしているのだから払ってほしいと通知がありました。私は、保証人として支払いをしなければならないでしょうか。

▶ ▶ ▶ Point

・手形保証は民事上の保証責任を負いません。

1 隠れた手形保証とは

　手形法31条2項によると、約束手形で手形保証（3参照）をする場合には、保証その他これと同一の意義を有する文字で表示することが必要であるとしており、それ以外の方式では手形保証をしたことにならないとされています。もっとも、あなたは約束手形に裏書をしていますので、裏書人として手形上の責任を問われることは当然です。

　設問の事例で問題となっているのは、今説明した手形法上の手形保証ではなく、いわゆる「隠れた手形保証」といわれるものです。手形の裏書人の責任は、一般に満期から1年で時効となります（振出人の責任は満期から3年）ので、設問の場合、手形上の責任は時効により消滅しています。しかし、自動車売買代金について民事上の保証もしているときは、保証債務の時効が満期から5年（Q42を参照）であることから、設問の場合は支払義務があるので問題となります。

　保証契約の成立について書面を必要としていなかった2004年改正以前は、

23

第2章　保証契約の成立・有効性をめぐるトラブル

約束手形への裏書が民事上の保証をする意思であったか否かは、当事者間の意思解釈の問題であるとされていました。したがって、書面上は保証人であることが明示されていない場合でも、保証の意思が認められれば民事上の保証が成立するというのが判例でした。

2　隠れた手形保証は書面になっているといえるか

しかし、2004年の民法改正で書面にすることが保証契約の成立要件になったため、Ｑ５での検討と似たような問題状況となりました。保証契約における書面の内容を厳格に考える立場（Ｑ５②の考え方Ａ）では、約束手形上にあらわれているのは手形の裏書でしかないので、保証の意思が表明された書面と理解することはできません。したがって、保証契約成立の要件である書面にするとはいえないので民事上の保証契約は不成立ということになります。

これに対して、書面にすることを軽視する立場（Ｑ５②の考え方Ｂ）では、手形上に署名していれば書面になっていると認定でき、これまでと同様に民事上の保証意思が認定されれば、民事上の保証は成立するとの結論になるものと思われます。確かに、手形の裏書の際に裏書をした者が債権者に対して、民事上の保証もするとの意向を表明しており、これが確実に証明できる場合には民事上の保証を認めてもよいのではないかとも思われます。しかし、この立場では、どのような契約でも、これと結び付く書面に保証人とされた人の署名または記名捺印があれば、後は契約の意思解釈の問題、したがって証明の問題になりかねず、書面にすることを保証契約の成立要件とした意義がなくなり、妥当な見解ではないと思います。

したがって、設問に対する回答としては、民事上の保証契約は書面になっておらず、保証契約は不成立となり、保証人としての責任を負わないということになります。

24

③ 手形保証と民事上の保証

設問にはありませんでしたが、手形法上の手形保証（手形面等に署名をすることで、署名をした者が振出人のために手形による支払いを保証したと認められるもの）をした場合にも民事上の保証をしたかどうかが問題になりますが、これもまた前述と同様に、書面にすることを厳格に考える立場では、書面にあらわれているのは手形法上の保証であり、民事上の保証契約としては、書面になっていないので成立しないとの結論になると思います（消滅時効の期間が異なることから問題になります）。

これまでは手形保証と民事上の保証について複雑な議論がされていましたが、民事上の保証について書面にすることが求められている以上、民事上の保証と手形保証は全く別のものと理解して、簡明な解決を図ることが適切ではないかと考えます。

約束手形を受け取る債権者が、民事上の保証を裏書人にしてもらいたいのであれば、そのことが明確になるように、書面で保証してもらうことでしか民事上の保証は成立しないとしても、取引上問題が生じることはなく実務が混乱することもないと思います。

第2章 保証契約の成立・有効性をめぐるトラブル

Q8 損害担保契約と保証契約の違いは何か

　私の娘が就職するにあたり、私は「身元保証契約」の締結を求められたのですが、友人から、「身元保証は『損害担保契約』になる」と言われました。

　また、娘が私の承諾もなく車を購入しました。未成年の娘が結んだ契約を取り消すことができることは知っていましたが、私は、購入に伴う保証関係書類に署名押印しました。友人から、「それも『損害担保契約』になるよ」と言われました。保証契約と損害担保契約の違いについて説明してください。

▶ ▶ ▶ Point

① 取消しができる契約であることを知りながら行った保証は損害担保契約となります。

② 損害担保契約は独立した債務となります。

1 損害担保契約とは

　「損害担保契約」というのは、当事者の一方が、一定の事項または事業などから受けるかもしれない損害を、その他方が塡補することを約する契約です。保証契約では、主たる債務の存在が前提になっていますが、損害担保契約では主たる債務が前提となっているわけではありません。保証債務は主たる債務との関係で付従性がありますが、損害担保契約には付従性がなく、独立した債務であるところが異なります（付従性についてはQ40を参照してください）。

26

② 身元保証契約は保証契約が原則

身元保証契約（詳細はＱ39を参照してください）には、本人である娘さん自身が債務を負担すると否とを問わず、会社が本人に関する一定の事由によって被った損害を、身元保証人であるあなたが独立的に賠償することを約する内容のものがあります。これも、「損害担保契約」といわれるものです。

友人の方は、このことを念頭に損害担保契約になると言ったものと思います。

もっとも、娘さんに関する身元保証契約書を見て、本人自身が負担する損害賠償義務について、民法上の保証人として保証債務を履行すべきことを約束している場合には、損害担保契約ではなく、保証契約の一種としての身元保証契約といえるでしょう。したがって付従性があり、娘さん自身に債務がない場合には、あなたにも責任は発生しません。

身元保証契約には、前述のとおり損害担保契約とされるものもあり、その内容を精査することが必要ですが、現代では付従性を有する保証契約が原則であると考えられます。

③ 損害担保契約と解される場合

次に車両代金の保証ですが、これは、「損害担保契約」にあたると解されます。

民法449条は、「行為能力の制限によって取り消すことができる債務を保証した者は、保証契約の時においてその取消しの原因を知っていたときは、主たる債務の不履行の場合又はその債務の取消しの場合においてこれと同一の目的を有する独立の債務を負担したものと推定する」と規定しています。

あなたは、娘さんが未成年者であることを知りながら、娘さんの債務について保証契約を締結したことになります。前述のとおり保証債務は付従性があり、主債務が取り消された場合は、保証債務も消滅するのが原則ですが、

第2章　保証契約の成立・有効性をめぐるトラブル

設問の場合は、上記規定のとおり、あなたが独立して債務を負担したものと推定されることになります。付従性の原則の例外です。あなたは娘さんの契約を取り消そうと思えばできたものの、これをしないで、あえて保証するという意思、すなわち債権者に対して損害を生じさせることはないとの意思を書面によって示したのですから、独立した債務を負担したものと推定されるというのがその理由です。

したがって、娘さんについては契約を取り消すことが可能ですが（民法5条2項。娘さん自身の契約上の債務は消滅します）、契約を取り消してもあなた自身は、娘さんが負っていたものと同様の債務を負うことになります。それゆえ、「損害担保契約」になるわけです（なお、未成年者の保証についてはQ24を参照）。

なお、保証契約では書面によることが必要ですが、損害担保契約は、書面が不要な契約（諾成契約：口頭の合意で成立する契約）であると考えられており、損害担保契約と推定される場合、書面は必要がないのではないかとの疑問を生じます。しかし、民法449条は、取り消すことができる契約について保証契約を締結した場合の推定規定なので、書面による保証契約でなければ、この条文による損害担保契約の成立は推定されないものと思います。

28

Q9 債務引受と保証債務の違いは何か

Q9 債務引受と保証債務の違いは何か

私の子どもが100万円の借入れして支払いができなくなり、貸主から私に債務を肩代わりしてほしいと依頼され、口頭で了承しました。その後、肩代わりの約束を撤回させてもらいたいと貸主に申し入れましたが、「債務引受」契約が成立しているので、約束どおり払ってほしいと聞き入れてくれません。私は支払いをしなければならないのでしょうか。

▶ ▶ ▶ Point
① 債務引受は書面によることを必要としない契約です。
② 保証契約と債務引受契約は、債務を負うものにとってその契約が自分の利益にもなるか否かで区別し、自分の利益にならない場合は保証契約になります。

1 「債務引受」とは

債務引受とは、債務の同一性を保ったまま契約によって債務を移転することです。設問に即して説明すると、お子さんは貸金債務がありますが、あなたが債務引受をしたと判断される場合は、あなた自身が貸金債務を引き受けることにより債務者となったということになります。

お子さんにも貸金債務が残り、連帯債務となる場合を「併存的債務引受」（民法470条）、お子さんの債務は消滅し、あなただけに貸金債務が移転する場合を「免責的債務引受」（同法472条）といいますが、設問からすると、息子さんの債務を消滅させるという内容は含まれていないと思われますので、債務引受が成立するとすれば「併存的債務引受契約」が成立したということ

29

第2章　保証契約の成立・有効性をめぐるトラブル

になると思います。

　保証契約は、あなたのお子さんの貸金債務について、貸主に対して保証人として支払うことを約束するものですので、併存的債務引受契約とは異なります。保証債務は主債務を前提とする付従的で補充的なものですが、併存的債務引受契約は付従性がなくかつ補充的なものでもありません（付従性についてはQ40を参照）。やや難しい説明ですが、併存的債務引受をした者は、主債務者とは独立して責任を負うことになるということです。

2　保証との区別の必要性と区別の仕方

(1)　区別の必要性

　保証契約であれば書面によることが必要です。ところが、債務引受契約は書面が不要な契約（諾成契約：口頭の約束で成立する契約）であると解されていますので、書面がなくとも成立します。このため、保証と債務引受の区別が必要となります。保証であれば書面がないので契約は不成立ですが、併存的債務引受契約であれば有効であるとされることがあるからです。

(2)　区別の仕方

　設問では、「子の債務を肩代わりする」約束をしたということですが、保証をする意味にも、債務引受をする意味にもとれます。したがって、交わされた言葉だけに依拠して区別することは困難なところがあります。

　保証契約に書面が必要とされていなかった時代の判例や学説では、保証契約であるか併存的債務引受契約であるかは、当事者の契約の意思解釈によるとし、その解釈指針として、もっぱら主債務者の利益のためである場合は保証契約、引受人にも何らかの利益がある場合は併存的債務引受とみるべきであるとするものが多かったのではないかと思います。前述のとおり、保証契約であると認定されれば、書面によっていないので契約は不成立であり、併存的債務引受契約であると認定されれば、書面による必要がないので有効ということになります。したがって、その認定は慎重であることが必要です

30

が、上記の解釈指針は、保証契約について書面によることを求めている現行法の趣旨にも適い有用であると思います。

保証契約を書面にすることを求めて、契約成立に慎重を期している法の趣旨からすると、債務を肩代わりした者に利益がなく、自ら積極的に債務を引き受けた事情がない場合には、併存的債務引受契約ではなく、保証契約であったと認定することが、その契約によって何ら利益のない者を保護することになるからです。

(3) 設問への回答

債権者としては、保証契約であるのか、併存的債務引受契約であるのか不明なところがあれば、その場で書面にして契約を締結すればよかったわけです。貸主は保証契約では書面が必要なことを熟知しており、書面を実際に作成する段階であなたが熟考して翻意することをおそれ、意図的に書面を作成しなかったとも考えられます。

併存的債務引受契約を締結する場合、前述のとおり、引受人において保証とは異なる動機（引受人自身に何らかの経済的利益があったり、積極的に引き受ける背景事情がある等）があることが多いと思われます。設問の場合、あなたのほうから積極的に債務を引き受けるつもりではなく、あなた自身には何の利益もありません。したがって、保証契約であると考えられますが、書面になっていませんから、たとえ保証するとの意思表示があったとしても保証契約は成立せず、保証人として支払いをさせられることはありません。

③ 債務引受契約にも書面は必要か

前述のとおり、債務引受契約には法律上書面によることを求められていませんが、保証契約と極めて類似していることから、場合によっては保証契約の規定に準じた解釈をすべきとの考え方があり得ます。2017年の民法改正では、債務引受契約の要件と効果のみが規定されただけで、上記の問題は解釈に委ねられることとなりました。

第2章 保証契約の成立・有効性をめぐるトラブル

Q10 保証人になることを口頭で承諾し、借主を代理人として保証契約が締結された場合も責任を負うか

私は、弟Bから「知り合いのAから100万円を借りるので、保証人になってほしい。Aとのやりとりはすべて自分に任せてほしい」と頼まれたので、口頭で承諾しました。でも、今は承諾したことを後悔しています。Bは、Aとの間で保証契約書のやりとりをしていたようですが、私自身は、何の書類にも署名・押印をしていません。もっとも、同契約書には、私の代理人と表示されたBの署名・押印はあります。この場合にも、私は保証人としての責任を負うのでしょうか。

▶ ▶ ▶ Point

・あなたはBに保証契約締結に関する委任状を交付していないので、保証契約における書面性を満たさず、保証人としての責任を負う可能性は低いと考えられます。

1 保証契約成立・不成立の解釈

保証契約は、貸主と保証人との間の契約で成立するところ、借主も、保証人の代理人として貸主と保証契約を締結することができます。ただし、借主が保証人を代理して貸主と保証契約を締結するためには、保証人が貸主に代理権を与えなければなりません。

では、あなたはBに保証契約締結の代理権を与えたといえるのでしょうか。保証契約成立・不成立の判断にあたって、①保証契約の合意（保証意思）があったか否かをまず判断し、そのうえで、②書面性を充足しているかをあらためて判断するという考え方（詳細はQ5を参照）に基づいて、以下、検討します。

32

2 代理人による保証契約の締結と書面性

(1) ①保証契約の合意（保証意思）の有無

Bから保証人となることを頼まれた当時のあなたについては、口頭で承諾していますので、①保証意思は一応あったことになります。

(2) ②書面性を充足しているか

Bは、Aとの間で保証契約書のやりとりをしていたとのことですので（なお、保証契約書の記載事項については、Q5を参照）、仮にこの保証契約書自体の書面性に問題がないとしても、あなたがBへ代理権を与えることについては、何の書面も必要ないのでしょうか。

他人に代理権を与えるということは、法的には委任契約と評価できます。そして、委任契約は諾成契約（当事者の合意だけで成立する契約）ですので、一般的には書面による必要はありません。しかし、今回のように保証契約を締結する代理権を与える場合の書面（委任状）の要否については、保証契約における書面性に関し、Ⓐ書面性を厳格に考える立場と、Ⓑ当事者間の契約の意思解釈の問題に重点を置き、書面にその保証意思が表示されていればよいとして書面性（形式性）をあまり重視しない立場から、それぞれ、次のように考えられます。

Ⓐ書面性を厳格に考える立場からは、委任状は当然必要であるし、委任状の記載事項についても、かなり詳細な記載（保証金額、弁済期、債権者、債務者、連帯の有無、利息など）が必要になります。この立場に近いと評価できる東京高判平成24年1月19日金法1969号100頁は、保証契約は「保証人となろうとする者が保証契約書の作成に主体的に関与した場合その他その者が保証債務の内容を了知した上で債権者に対して書面で明確に保証意思を表示した場合に限り、その効力を生ずる」としていますので、同判決の内容に基づけば、保証契約の締結を代理方式による場合には、委任状によって本人（保証人）の保証意思を表示することが必要と考えられますし、委任状の記載事項

第2章　保証契約の成立・有効性をめぐるトラブル

も詳細であることが要求されると解されます。

他方で、⑧書面性をあまり重視しない立場からは、保証意思が外部的に明らかになっていれば委任状は必ずしも必要ではなく、委任事項の詳細な記載は不要になります。この立場に近いと評価できる大阪高判平成20年12月10日金法1870号53頁は、保証契約は「保証意思が外部的にも明らかになっている場合」に効力を生ずるとしていますので、同判決内容に基づけば、委任状等の書面によらずとも、本人の保証意思が確認できるのであればそれで足りると解されます。

2017年の民法改正により、保証人保護の観点から、書面性について、より充実した規定になっていることからすれば、⑧書面性を厳格に考える立場が相当と考えられます。したがって、今後は、保証契約締結の代理権を与える場合には、書面（委任状）によることが必要であり、委任事項も詳細に記載する必要があるとの方向へ議論が進んでいくと考えられます。

この考え方によれば、今回、あなたは何の書類にも署名・押印をしていないとのことですから、②書面性を満たさず、保証人としての責任を負わないという結論になります。

3　保証契約締結における委任状と書面性

これまで、保証契約締結における本人・代理人間の委任状は、主に、代理権を与えた・与えていないの争いになったときに、代理権を与えたことの重要な証拠の1つとして考えられてきました。しかし、今後は、保証契約締結を代理方式で行う場合には、委任状がなければ書面性を満たさず保証契約が成立しないことになる可能性があります。委任状の記載事項について、明文上の規定はありませんが、根保証や公正証書の作成が必要となる保証の場合を参考にすると、少なくとも主たる債務（債権者・債務者・債権額（主債務の発生原因と額）など）の記載は必須と考えられます。

一方で、委任状の交付が困難な場合（たとえば、保証人とされる者が盲目で

34

Q10 保証人になることを口頭で承諾し、借主を代理人として保証契約が締結された場合も責任を負うか

あったり、何らかの障害のために自署できない場合）にまで一律に委任状の交付がなければ書面性を満たさないとすることが妥当かとの議論もあります。ただし、委任状の交付が困難な場合であっても、委任者たる保証人が保証債務につき、明確に了知していたことが必要であるとの実務を確立することが望ましいと考えられます。

　また、貸主としては、代理人による保証契約締結の場合には、保証債務の内容が明確な委任状があることを確認すべきと考えられます。

第2章　保証契約の成立・有効性をめぐるトラブル

Q11 保証人欄に身に覚えのない自分の実印の印影がある場合、保証人の責任を負うか(1)

　Aから、「あなたを保証人としてあなたの弟Bに金を貸している」と言われたので借用証書を見せてもらったところ、保証人の欄に私の名前と実印による印影がありました。私には身に覚えがなく、名前の筆跡も私のものではありませんでした。どうやらBが私の実印を勝手に持ち出したようなのですが、私が保証人としての責任を負う場合はあるのでしょうか。

▶ ▶ ▶ Point

・借用証書にあなたの実印による印影があったとしても、保証意思の有無について慎重に判断することになるので、保証責任を負わない可能性が高いです。

1 保証契約の成否に関する借用証書の法的位置づけ

　借用証書の保証人欄にあなたの氏名が記載されており、そこにあなたの実印が押してあっても、その氏名の記載と実印の押捺のどちらもあなたの意思に基づかずになされたのであれば、その借用証書をもって、あなたが保証契約を締結したことにはなりません。

　それでは、設問の場合、「すべてBが勝手にやったこと」と、放置していてもよいのでしょうか。実は、このままですと、あなたが支払いに応じないとして、Aから、保証人としての義務を履行するよう求める訴訟（保証債務履行請求訴訟）を提起される可能性があります。そして、その訴訟では、保証人欄にあなたの氏名と実印が押された借用証書が、あなたが保証人となっていたことの証拠として裁判所に提出されることになるでしょう。

36

「保証人欄にあなたの氏名と実印が押された当該借用証書」が、どのような意味をもつかといいますと、民事訴訟では、借用証書のような私文書は、その文書の作成者とされている人の意思に基づいて作成されたもの、すなわち、真正に成立したものでない限り証拠にはなりません（民事訴訟法228条1項）。他方で、保証債務履行請求訴訟において、証拠として提出された借用証書が真正に成立したと認められれば、借用証書に保証人として記載された者に保証責任があるとの判断がなされる可能性が高く、借用証書が真正に成立したか否かは、訴訟の結論に大きな影響を及ぼします。

②　二段の推定と保証契約の成否

⑴　二段の推定とは

私文書が真正に成立したかどうか争いになった場合、その文書の作成者とされている人の印章による印影があるときは、当該印影は作成者の意思に基づくものと推定され（一段目の推定。本人の印章を他人が勝手に使用することは通常あり得ないという日常生活上の経験則が基礎にあります）、さらに、私文書は作成者の押印があるときは真正に成立したものと推定するとの規定があることから（二段目の推定。民事訴訟法228条4項）、その文書は真正に成立したものと推定されるとするのが判例です（二段の推定。最判昭和39年5月12日民集18巻4号597頁）。なお、上記推定が働くための印章は、実印に限られません（最判昭和50年6月12日判タ325号188頁）。

⑵　二段の推定と主張・立証責任

⒜　二段の推定

裁判において具体的にどのようなやりとりがなされるか、設問の場合に即して説明しますと、あなたが「借用証書には見覚えがない」旨を主張した場合、まず、裁判所はあなたに対し、①借用証書の保証人欄の署名があなたのものか、確認します。あなたは、「自分の署名ではない」と主張することになります。

37

第2章　保証契約の成立・有効性をめぐるトラブル

　そうすると、次に裁判所は、あなたに対し、②借用証書の保証人欄の印影が、あなたの印章によるものか、確認します。これは、あなた自身が認める場合のほか、印鑑登録証明書などによってあなたの印章による印影である旨が証明される場合などがあります。設問では、借用証書の保証人欄の印影は、あなたの印章によることをあなた自身も認めているので、あなたは「自分の印章による印影である」旨を主張することになりますが、そうすると、二段の推定により、借用証書があなたの意思に基づいて作成されたと推定されることになります。

(B)　推定を覆す事実の立証

　上記推定の結果、今度は、借用証書の真正な成立を否定するあなたのほうで、上記推定を覆す事実を立証しなければなりません。具体的には、弟Ｂが、あなたの印章を無断で持ち出して押したのであって、印章の押捺はあなたの意思に基づくものではない（弟Ｂがあなたの印章を勝手に持ち出すことは可能であったこと（東京高判昭和62年2月25日金法1190号32頁）など）旨を主張する方法のほか、より直截的に、あなたには保証意思がなかった旨を主張する方法により、一段目の推定を覆すことが考えられます（東京高判平成23年9月28日金法1943号126頁。同裁判例は、保証契約書に保証人名義人の実印による印影があることを認定しながら、保証の内容が保証人にとって極めて負担の重いものであるところ、当時の保証人の収入額や主債務者である会社取締役との関係が良好でなかったことに照らし、保証人名義人に保証意思はなかったと認定し、保証人は保証人の切替え手続に必要だと言われて実印および印鑑登録カードを上記取締役に預けていた等の事実経過等を考慮すれば、押印は保証人名義人の意思に基づくものではないとして、保証契約の成立を否定しました。このように、明示的には、二段の推定を適用のうえで一段目の推定を覆すべき事情を検討するという枠組みによらず、文書の成立の真正を判断しています）。

Q11　保証人欄に身に覚えのない自分の実印の印影がある場合、保証人の責任を負うか(1)

③ 二段の推定とその限界

　2017年の民法改正により、保証契約における書面性を厳格にとらえるべきであるとの方向に議論が進んでいくと考えられます（詳細はＱ5を参照）。そうすると、保証契約書や借用証書の保証人欄に保証人名義人の印章による印影がある場合でも、二段の推定だけで安易に判断せず、保証人名義人が保証債務につき明確に了知したうえで、保証意思を表示しているか判断する必要があるでしょう。そして、保証人名義人が保証債務の内容を了知したとはいえない事情がある場合（たとえば、保証人名義人にとって極めて負担の重い保証内容であることや、主債務者との関係が良好でなかったことなど）には、保証人名義人に保証意思がないことを根拠に、保証人名義人の意思に基づく押印ではない（その結果、文書の真正な成立が否定される）との主張もできると考えます。

　設問の場合、借用証書にあなたの実印による印影はありますが、それだけでは保証責任を負わないと考えられます。

　また、仮にＡから、「あなたと直接保証契約を締結した」という主張がなされた場合には、あなたはＡと面談等を含む直接的な接触がなく（事後に保証意思の確認をされたことがないことを含みます）、保証意思は認定されないという主張もできると考えます。

39

第2章　保証契約の成立・有効性をめぐるトラブル

Q12 保証人欄に身に覚えのない自分の実印の印影がある場合、保証人の責任を負うか⑵

　Aから、「あなたを保証人としてあなたの弟Bに金を貸している」と言われたので借用証書を見せてもらったところ、保証人の欄に私の名前と実印による印影がありました。私には身に覚えがなく、名前の筆跡も私のものではありませんでした。実印が押された経緯を調べたところ、以前、私がBの身元保証人になるためにBに実印を預けたときに、Bがその実印を悪用したことが判明しました。私が保証人としての責任を負う場合はあるのでしょうか。

▶ ▶ ▶ Point

・保証人欄に保証人名義人の実印が押してあったというだけでは、表見代理における「正当な理由」（民法109条2項）があるとはいえません。

1 表見代理

⑴　表見代理とは

　保証契約に限らず、本人に無断で契約が結ばれた場合（無権代理行為）において、契約が無断で結ばれたことについて本人に責任が認められるときには、本人を犠牲にしても取引の安全のために善意の相手方を保護すべき場合があります。このような考え方に基づき、民法では「表見代理」という制度を設けて、本人に責任を負わせてもやむを得ない一定の事情が認められる場合には、本人に無断でなされた契約でも無効とはいえないという扱いをしています。

　したがって、設問のように無断で保証契約を結ばれてBの保証人にされた場合でも、表見代理の適用がある場合には、貸主であるAに対し保証責任を

40

負うことになります。

(2) 表見代理の類型

表見代理には、①「授権表示による表見代理」（民法109条1項）、②「権限踰越による表見代理」（民法110条）、③「代理権消滅後の表見代理」（民法112条1項）の3種類に加え、上記3種類の混合の表見代理（④「授権表示による表見代理」＋「権限踰越による表見代理」（民法109条2項）、⑤「代理権消滅後の表見代理」＋「権限踰越による表見代理」（民法112条2項））があります（④⑤は、2017年の民法改正により明文化されました）。

①「授権表示による表見代理」とは、本人が第三者に対して他人に代理権を与えた旨を表示した場合には、無権代理行為であっても、その者がした行為について、本人は善意・無過失の第三者に対して無効の主張ができないというものです。

②「権限踰越による表見代理」とは、代理人が本人から与えられた代理権（基本代理権）を越えて権限外の法律行為をなした場合でも、第三者の立場においてその者に代理権があったと信ずるについて「正当な理由」（善意・無過失）があった場合には、本人はその第三者に対して無効の主張ができないというものです。

③「代理権消滅後の表見代理」とは、かつて代理人であった者が代理権が消滅したにもかかわらず本人に無断で代理行為をした場合、第三者が代理権をすでに消滅しているということについて善意・無過失であった場合には、本人はその第三者に対して無効の主張ができないというものです。

なお、ここでいう「善意」とは事情を知らないことを、「無過失」とは十分に調査したけれども事情を知り得なかったことを意味します。

2 保証契約締結場面における表見代理の考え方

(1) 基本代理権と無権代理行為との関連性

設問の事例は、Bの身元保証人になるために身元保証契約についてBに代

第2章　保証契約の成立・有効性をめぐるトラブル

理権を与え、実印を渡していたにもかかわらず、ＢがあなたをＢの借金の保証人にしてしまい、当初与えた代理権とは異なる行為を行ってしまった場合で、②権限踰越による表見代理の場合です。判例上（大判昭和５年２月12日民集９巻143頁）は、基本代理権と無権代理行為との間に何ら関連性は必要がないとされています。たとえば、あなたが1000万円のＢの借金について保証するつもりであったのに、Ｂは1500万円を借りあなたを保証人にしてしまった場合のように、あなたが代理人に認めた行為と代理人の違反行為との間に関係がある必要はなく、今回相談されている場合のように、借金の保証と就職したときの身元保証のように全く関係のない行為でもよいのです。

そうすると、ＡにおいてＢに代理権があったと信ずるについて「正当な理由」があったかどうかが問題となります。

(2)　「正当な理由」があったといえるか

実印が悪用されたということは、「正当な理由」との関係で、どのような意味をもつでしょうか。わが国には、古くから印影を貴び署名よりも重視する習慣があるといわれ、そのため、重要な取引をする際には実印が要求される場合が多く、実印を他人に預ける場合には、その他人に対する深い信頼が前提となっているという認識があります。そうすると、設問のように、契約書の保証人欄に実印が押してあった場合には、自称代理人が実印を所持して本人に代わって保証契約をなしたわけですから、保証契約が本人の意思に基づくものと信じた相手方について、そのように考えても仕方がない、すなわち、「正当な理由」があったと認めるべき一事情になると考えられるでしょう。

もっとも、2017年の民法改正により、保証契約における書面性を厳格にとらえるべきであるとの方向に議論が進んでいくと考えられ（詳細はＱ５を参照）、表見代理における「正当な理由」があったか否かの判断においても、同様に、書面性を厳格に判断すべきと考えられます。したがって、保証人欄に保証人名義人の実印が押してあったというだけでは正当な理由があるとは

いえず、代理方式で保証契約が締結されたのであれば委任状の存在を確認していたのか（なお、委任状の記載内容についてはＱ10を参照）、委任者たる保証人が保証債務につき明確に了知しているか確認したのか等の事情を考慮して判断する必要があります。

(3) 結 論

設問の事例では、借用証書の保証人欄にあなたの実印による印影はあるものの、Ａは委任状を確認しておらず、あなたが保証債務につき了知しているか否か確認したという事実もありません。代理行為によって利益を受けるのが自称代理人であるＢであることも考え合わせると、Ａが十分に調査を尽くしたとは言い難く、2017年改正民法のもとでは、「正当な理由」がないと判断される可能性が高いと考えられます。

したがって、あなたが保証責任を負う可能性は低いでしょう。

③ 基本代理権の授与についての考え方

設問の事例は基本代理権の授与が明確な場合ですが、実印の交付はあったけれども代理権の授与があったか否かが明確でない場合もあります。このような場合、判例（最判昭和44年10月17日判タ242号161頁）は、「特定の取引行為に関連して印鑑を交付することは、特段の事情のない限り、代理権を授与したものと解するのが相当である」としています。

また、実印を盗用された場合や実印の保管のみを頼んであったのに悪用された場合には、本人から自称代理人に対する基本代理権の授与がないわけですから、「権限踰越による表見代理」は成立しません。

第2章　保証契約の成立・有効性をめぐるトラブル

Q13　勝手にクレジット申込書を記載・提出された場合でも、追認すれば保証人の責任を負うか

私は、中学時代からの旧友Aから、「B信販会社から電話がかかってきたら、『はい』と答えてほしい。迷惑はかけないから」と頼まれました。どうやら、Aは、クレジット申込書の連帯保証人欄に私の名前を書き、三文判を押して、クレジット契約を結んだようです。後日、B信販会社から、「あなたはAさんの連帯保証人ですか」と連絡があったので、私は「はい」と答えました。ところが、先日Aが多額の借金を抱えて破産し、私はB信販会社から請求を受けています。私は、保証人としての責任を負わなければなりませんか。

▶▶▶ Point

① 無権代理行為であっても追認したと評価される場合には、本人であるあなたが責任を負うことになります。

② 追認は書面によることが必要です。

1　無権代理行為と追認

Aは、あなたから何の権限も与えられていないのに、自称代理人として、あなたを保証人とする保証契約を結んだのですから、Aによる保証契約締結行為は無権代理行為に該当します。

このAによる無権代理行為は、追認がなされるまでは本人であるあなたに対して効力を生じませんが（民法113条1項）、追認したと評価される場合には、行為をしたときにさかのぼって確定的に有効となり、あなたが責任を負うことになります（民法116条）。なお、この追認の意思表示は、本人（追認をなす者）において、対象となる無権代理行為が無効であることまで知った

44

Q13　勝手にクレジット申込書を記載・提出された場合でも、追認すれば保証人の責任を負うか

うえでなされることは必要ではなく、無権代理行為を対象にすることを知っていれば足りるとされています（東京高判昭和60年10月28日金商735号32頁）。

2　保証契約における書面性と追認

では、あなたがB信販会社からの保証意思の確認に際し、「はい」と返答したことは、どのような法的意味をもつでしょうか。

この点、保証契約は書面によらなければその効力を生じないところ（民法446条2項）、書面性を充足していない保証契約については、単に口頭で追認の意思表示をしただけでは保証契約が有効となるわけではなく、あらためて書面による追認が必要であると解されます。なぜなら、書面によらない保証契約の追認を有効とすると、書面性を要求した趣旨を没却することになるからです。無断で保証人とされた人が後日、真実保証をする意思で追認しても、書面でされていない以上、保証契約の追認はされなかったものとするのが保証人保護の趣旨にかないます。

設問の事例では、あなたはB信販会社からの電話の確認で「はい」と返答したにすぎず、何らの書面も作成されていませんので、追認があったと評価することは困難です。よって、あなたが責任を負う可能性は低いと考えられます（なお、あなたがAに何らかの権限を与えるなどしていた場合（たとえば、実印を預けていたなど）には、表見代理の問題が生じ得ます。詳細はQ12を参照）。

3　書面による保証契約の追認が認められる要件

書面による保証契約の追認の場合、どのような書面であれば書面性を満たすかについては、保証債務の内容を了知したうえで明確に保証意思を表示する必要がありますので（詳細はQ5を参照）、新たな保証契約を締結する程度に詳細な内容が必要になると考えられます。

45

第2章　保証契約の成立・有効性をめぐるトラブル

Q14 身に覚えのない保証債務の請求に対し、一部を弁済してしまった場合、保証契約の追認になるか

Aから、「あなたを保証人としてあなたの弟Bに100万円を貸している」と言われたので借用証書を見せてもらったところ、保証人の欄に私の名前と実印による印影がありました。どうやら、Bが勝手に、私を保証人とする保証契約をAとの間で結んだようです。私には身に覚えのないことでしたが、Aがしつこいので、10万円を支払いました。その後も、Aから請求を受けていますが、私はBが結んだ保証契約の責任を負わなければなりませんか。

▶▶▶Point
① 保証債務を一部履行しただけでは追認になりません。
② すでにAに支払った10万円は、Aに対して返還請求をすることができます。

1 保証債務の一部の履行と追認

(1) 無権代理行為と追認

Bがあなたに無断であなたを保証人にした場合、Bによる保証契約締結行為は無権代理行為となりますが、あなたが追認（民法113条1項）したと評価される場合には、あなたが責任を負う（民法116条）ことは、Q13で説明したとおりです。

では、あなたがAへ10万円弁済したことは、どのような法的意味をもつのでしょうか。

(2) Aへ10万円弁済したことの法的意味

この点、2004年民法改正以前（保証契約に書面性が要求される以前）は、保

証債務の履行の請求を受けた者が、その債務の（一部の）履行をなすことは、黙示の行為による追認と評価することも解釈としてあり得ました（大阪高判昭和47年8月30日判時685号104頁。同裁判例は、Yが、Yの妻Z（無権代理人）がYには無断で、Y名義の連帯保証に関する契約書類に捺印したことにより、X（クレジット会社）から連帯保証債務の履行を求められている事実を認識しながら、考慮のうえ、Xに対して同連帯保証債務を承認し、これにより約定した第1回分割金を支払って、その一部を履行した事案。裁判所は、他人に対し債務を負担すべき立場の者が債務を承認し、その全部または一部の履行をなすことは、黙示の行為による追認としての典型的なものというべきと判示しました）。

しかし、改正法施行日（2005年4月1日）以降に締結された保証契約には書面性が要求されることになった結果、無権代理行為により締結された保証契約については、これを単に履行しただけでは追認と評価することはできないと解されます。なぜならば、これを有効とすると、保証契約において書面性を要求した趣旨を没却してしまうし、強引な取立てを助長するおそれがあるからです。2017年の民法改正により、保証人保護の観点から書面性についてより充実した規定になっていることからすれば、単に保証債務を一部履行しただけでは、保証契約における書面性の要件を欠くことになるので、追認はさらに認められにくくなるでしょう。

また、書面が必要なのですから、書面によらない「黙示的な追認」もあり得ないと考えられます（この点については、Q25も参照）。

(3) 設問の場合

設問の事例では、あなたはAに対し、保証債務の一部を履行していますが、これのみをもって追認の意思表示があったと評価することは困難です。よって、あなたが保証契約の責任を負う可能性は低いと考えられます。

2 すでにAに支払った10万円の取扱い

すでにAに支払った10万円については、①保証契約は無効であることを前

第2章　保証契約の成立・有効性をめぐるトラブル

提として、Aに対して不当利得の返還請求（民法703条・704条）をする、②
保証契約は有効であることを前提に、求償（民法459条・462条。詳細はQ48な
ど参照）あるいは法定代位（民法499条。詳細はQ49など参照）によりBに対し
て請求する、といった対応が考えられます。

　Aに対して請求する場合、あなたの支払いが、第三者弁済（民法474条1
項）として有効となる、すなわち、債権者であるAの不当利得にはならず、
返還請求できないとするのは、保証債務について書面が必要であるとした法
の趣旨を没却することになります。したがって、不当利得として返還請求を
することができると思われます。

　Bに対して請求する場合、Bが、保証契約の無効を主張して請求を拒むこ
とができるかについては、信義則上、認められないと考えるべきです。

　上記①②いずれの方法をとるかについては、A・Bの資力やあなたが支払
いに至った経緯などを考慮する必要がありますが、設問の場合、あなたは保
証債務の一部を履行したにすぎず、残債務の履行責任を逃れるためにも、保
証契約が無効であることを前提とした上記①の方法によりAに対して返還請
求することが適切と考えられます。

48

Q15　事前の説明と実際の保証契約の内容が異なる場合、契約後に保証人をやめることができるか（総論）

Q15 事前の説明と実際の保証契約の内容が異なる場合、契約後に保証人をやめることができるか（総論）

　　私は、友人に頼まれて署名押印して保証人になりましたが、後日、その保証契約書の内容をよく確認すると、事前に友人や貸主から説明を受けていた内容と違う点があり、私が思っていた保証の内容とは大きく異なることに気づきました。今から、保証人をやめることはできるでしょうか。

▶▶▶ Point

・錯誤や詐欺の要件を満たせば、契約を取り消すことができます。

1 「錯誤」とは何か

　保証契約の成立には書面を作成することが必要になりますが（Q4・Q5参照）、ここでは、成立することを前提にして解説します。

　設問のケースでは、錯誤や詐欺を理由として保証契約を取り消すことができないかを検討することになります。

　「錯誤」とは、意思表示の内容と内心の意思とが一致せず、かつ、意思表示をした人（表意者）自身がその不一致を自覚していないことをいいます。錯誤による意思表示は、場合によっては、取り消すことができます（民法95条）。たとえば、言い間違いや思い違いによって、本心とは異なる内容の契約を結んでしまった場合に、そのような言い間違いや思い違いがなければ、契約はしなかったと一般的に認められる場合には、錯誤を理由として、契約を取り消すことができる可能性があります。錯誤の効果については、旧民法では無効でしたが、2017年改正民法では取消しに改められました。

　保証契約について錯誤が問題となる場面としては、①貸主をＡ銀行だと

49

第2章　保証契約の成立・有効性をめぐるトラブル

思っていたら、実際には消費者金融Bであった、②主債務者をAだと思っていたら、実際にはBであった、③主債務者の資力を誤信していた、④他にも保証人がいると思っていたら、自分だけだった、⑤保証する金額を誤信していたなどが考えられます（詳細はQ16～Q20を参照）。これらの場面について、錯誤による保証契約の取消しが認められるかどうかについては、それぞれの項目で詳しくみていきます。ここでは、一般的に、どのような場合に錯誤による取消しが認められるかについて説明します。

② 錯誤による契約の取消しが認められるためには

(1) 2017年改正民法の規定

2017年改正民法では、錯誤による意思表示の取消しが認められる場合について、旧民法では解釈に委ねられていた点も明文化しています。民法95条1項は、①意思表示に対応する意思を欠く錯誤、または、②表意者が法律行為の基礎とした事情についてのその認識が真実に反する錯誤について、その錯誤が法律行為の目的および取引上の社会通念に照らして重要なものであるときは、取り消すことができると規定しています。

(2) 錯誤による取消しが認められる場合

上記①の錯誤は、「表示の錯誤」と呼ばれるケースで、たとえば、「10ドル」と書くつもりで「10ユーロ」と書いてしまったような場合です。一方、上記②の錯誤は、「動機の錯誤」と呼ばれるケースで、たとえば、保証契約を締結する際に、自分のほかに連帯保証人がいると誤信し、自分が保証の責任を負う可能性は低いだろうと考えて、保証人になったような場合です（詳細はQ19を参照）。このケースは、保証をすること自体に錯誤はなく、錯誤があるのは、保証をする動機となった部分であるため、「動機の錯誤」と呼ばれています。動機の錯誤については、その事情が法律行為の基礎とされていることが表示されていたときに限り、取り消すことができるとされています（民法95条2項）。これは、動機は、本来内心にとどまるものであり、相手方

50

Q15　事前の説明と実際の保証契約の内容が異なる場合、契約後に保証人をやめることができるか(総論)

が知ることができないものであるため、相手方が不測の損害を被らないように、動機が意思表示の内容として表示された場合に限り、錯誤による取消しを認めるというものです。

　また、「法律行為の目的及び取引上の社会通念に照らして重要なものであるとき」とは、その点について錯誤（思い違い）がなかったならば、表意者は、そのような意思表示はしなかったし、一般的にも、そのような意思表示をしなかったであろうと認められる場合です。些細な点について錯誤（思い違い）があるにすぎない場合には、意思表示を取り消すことはできません。設問のケースでは、事前に友人や貸主から説明を受けていた保証契約の内容（思い違いをしていた保証契約の内容）と実際の保証契約の内容との食い違いが重要なものであり、実際の保証契約の内容を知っていれば（契約内容について思い違いがなければ）、一般的に保証はしなかったであろうと考えられる場合には、錯誤による取消しが認められる可能性があります。

(3)　表意者に重大な過失がある場合

　もっとも、錯誤について、表意者に重大な過失がある場合には、取引の相手方（設問のケースでは貸主）を保護するため、錯誤を理由に意思表示を取り消すことはできません（民法95条3項柱書）。

　設問のケースで、たとえば、あなたが事前に貸主から保証契約書を見せられていたような場合には、錯誤について重大な過失があると判断される可能性があるでしょう。ただし、表意者に重大な過失がある場合であっても、①相手方が表意者に錯誤があること知っていたか、または、重大な過失によって知らなかった場合や、②相手方も表意者と同じ錯誤に陥っていた場合には、相手方を保護する必要はないため、表意者は、錯誤を理由に意思表示を取り消すことができます（同項各号）。

③　詐欺による契約の取消しが認められるためには

　詐欺とは、虚偽の事実を告げるなどして、相手方を欺き、錯誤に陥らせる

第2章　保証契約の成立・有効性をめぐるトラブル

行為です。詐欺による意思表示は、取り消すことができます（民法96条1項）。したがって、設問のケースで、保証契約の相手方である貸主があなたに対し、保証の内容や条件などについて虚偽の事実を告げて、保証契約を締結させた場合には、詐欺を理由とする保証契約の取消しが認められる可能性があります。

　また、相手方に対する意思表示について第三者が詐欺を行った場合には、相手方がその事実を知り、または知ることができたときに限り、その意思表示を取り消すことができます（民法96条2項）。設問のケースでは、主債務者である友人が、「第三者」にあたります。したがって、第三者である友人があなたに対し、保証の内容や条件などについて虚偽の事実を告げて、相手方（貸主）との間で保証契約を締結させた場合、相手方（貸主）がその事実を知っていたか、または知ることができたときは、詐欺を理由とする保証契約の取消しが認められる可能性があります。

52

Q16　事前の説明と実際の債権者が異なる場合、保証契約を取り消すことはできるか（錯誤各論①）

Q16 事前の説明と実際の債権者が異なる場合、保証契約を取り消すことはできるか（錯誤各論①）

私は、借主の友人から「貸主はＡ銀行」と説明されて、貸主欄が空白の金銭消費貸借契約証書の保証人欄に署名・捺印しました。しかし、後日、実際には貸主はＡ銀行ではなく、Ｂ銀行であることが判明しました。貸主がＡ銀行と思って保証人になったことを理由として、Ｂ銀行との保証契約を取り消すことはできるでしょうか。

▶▷▷ Point

① 貸主の同一性に関する錯誤は、取り消すことができると考えられます。

② 貸主の属性に関する錯誤も、取り消しうる可能性はあります。

③ 空白の保証契約書には署名・捺印しないことが大切です。

1 貸主の同一性に関する錯誤

⑴ 保証契約の成否

まず、設問のケースは、貸主の記載のない契約書に署名・捺印した事例ですので、保証契約の書面性の要件を満たさず、そもそも保証契約は成立していないと考えることは十分可能と思われます。

また、あなたとしては、Ｂ銀行との間で保証契約を締結する意思はなかったのですから、Ｂ銀行との間では保証契約について合意が存在していないものとして、保証契約は成立していないと主張することも可能かと思われます。

以上のような主張をするために、保証人のあなたとしては、最低限、契約の際に、自分が署名・捺印した貸主の記載のない契約書の控え（コピー）をもらっておくことが大切です。

53

第2章　保証契約の成立・有効性をめぐるトラブル

(2) 錯誤による取消しが認められるためには

仮に、書面性の要件を満たし、あなたとＢ銀行との間で保証契約が成立しているとされた場合、錯誤を理由に保証契約を取り消すことができるかを検討することになります。

Ｑ15で説明したとおり、2017年改正民法は、錯誤について、①意思表示に対応する意思を欠く錯誤、②表意者が法律行為の基礎とした事情についてのその認識が真実に反する錯誤（動機の錯誤）の２つの類型を設けています（民法95条１項１号・２号）。いずれの場合についても、錯誤による意思表示の取消しが認められるためには、「その錯誤が法律行為の目的及び取引上の社会通念に照らして重要なものである」ことが必要です（同条１項柱書）。

(3) 設問のケース

設問のケースは、実際には、貸主がＡ銀行ではなく、Ｂ銀行であったという事案であり、「誰が貸主か」という貸主の同一性について錯誤があるケースです。この場合、あなたとしては、Ａ銀行を貸主（債権者）として認識しており、Ｂ銀行との間では保証契約を締結する意思はなかったのですから、①意思表示に対応する意思を欠く錯誤があったといえます。貸主（債権者）が誰であるかは、保証契約の要素といえますので、この点に関する錯誤は、「法律行為の目的及び取引上の社会通念に照らして重要なもの」にあたると思われます。

したがって、錯誤を理由とする保証契約の取消しは認められると考えられます。

2　貸主の属性に関する錯誤

(1) 貸主の属性について錯誤があるケース

では、借主である友人から「貸主は上場会社の社長のＣである」と説明され、あなたとしては、Ｃが上場会社の社長であるから心配はないと思って保証人になったが、後日、実際にはＣは上場会社の社長ではなく、暴力的で執

Q16 事前の説明と実際の債権者が異なる場合、保証契約を取り消すことはできるか（錯誤各論①）

拙な取立てをしていると評判の個人の金貸しであったことが判明したという
ケースでは、錯誤による取消しは認められるでしょうか。

このケースは、設問の事案とは異なり、貸主（債権者）がCであること自
体に錯誤はありませんが、Cを個人の金貸しとしてではなく、上場会社の社
長と認識して保証をしたという事案であり、「貸主の属性」について錯誤が
あるケースです。あなたとしては、Cが上場会社の社長であるから心配はな
いと思って保証人になったとのことですので、②表意者が法律行為の基礎と
した事情についてのその認識が真実に反する錯誤（動機の錯誤）があるケー
スといえます。

(2) 錯誤が「重要なもの」といえるか

保証契約において、債務者にとっての関心事は、一般的には、保証する債
務の金額がいくらか、借入れの利息がいくらか、仮に支払期日に返済が遅れ
た場合に発生する遅延損害金の利率はいくらかといった返済条件に関する点
であると思われます。したがって、保証する債務の金額や利率等の内容があ
なたの予期したとおりの内容であるとすれば、「貸主の属性」に関する錯誤
は、直ちには、「法律行為の目的及び取引上の社会通念に照らして重要なも
の」とはいえない可能性があります。古い裁判例でも、連帯債務の事案で、
貸主の属性を間違った事案について錯誤を否定しているケースがあります
（大判明治42年12月24日民録15輯1008頁、大判大正7年7月3日民録24輯1338頁）。

もっとも、貸主の属性は、直接には保証責任の内容と関係しないとして
も、債務者にとって重大な関心事である場合があります。特に上記のケース
のように、貸主（債権者）が悪質な個人の金貸しであると認識していれば、
一般的には、保証人にはならないとも考えられるところです。

したがって、上記のケースの「貸主の属性」に関する錯誤については、
「法律行為の目的及び取引上の社会通念に照らして重要なもの」として認め
られる可能性はあると思われます。

(3) 動機は表示されていたか

55

第2章　保証契約の成立・有効性をめぐるトラブル

　ただし、動機の錯誤については、「その事情が法律行為の基礎とされていることが表示されていたとき」に限り、意思表示を取り消すことができるとされています（民法95条2項）。

　したがって、錯誤による保証契約の取消しが認められるためには、貸主（債権者）であるCに対し、明示または黙示の方法で、貸主が上場会社の社長であるから保証したという動機が表示されていなければなりません。

(4)　詐欺の成否

　上記のケースでは、借主である友人は、「貸主は上場会社の社長のCである」と偽り、あなたを保証人にさせています。あなたが、貸主であるCが悪質な個人の金貸しであると知っていたら、保証人にはならなかったというのであれば、あなたは友人に騙されて保証人にされたということになります。

　借主である友人は、保証契約の当事者ではありませんので、上記のケースは、「第三者が詐欺を行った場合」にあたり、相手方（貸主）がその事実を知り、または知ることができたときに限り、その意思表示を取り消すことができます（民法96条2項）。たとえば、貸主が友人に対し、「貸主は上場会社の社長であると言ったらどうか」などと助言・指示をした場合や、友人が貸主に証書を持参する際に、あなたが署名・捺印した際の事情を説明した場合には、貸主は、友人のあなたに対する詐欺の事情を知っていたものとして、詐欺を理由に保証契約を取り消すことができると思われます。もっとも、現実には、貸主の悪意の立証は必ずしも容易ではないことが多いでしょう。

③　空白の保証契約書には署名・捺印しないことが重要

　いずれにしても、保証契約書に署名・捺印をする場合は、直接債権者に会って契約を締結することが望ましく、もし借主（主債務者）など第三者に契約締結の仲介を任せる場合は、十分に注意する必要があります。設問のようなトラブルを避けるためにも、債権者欄（貸主欄）が空白の保証契約書には署名・捺印をしないことが大切です。

56

Q17　事前の説明と実際の債務者が異なる場合、保証契約を取り消すことはできるか（錯誤各論②）

Q17 事前の説明と実際の債務者が異なる場合、保証契約を取り消すことはできるか（錯誤各論②）

　私は、友人Aから、面識のないB・C親子の保証人になってほしいと依頼されました。Aからは、「息子のCは資力がないが、父親のBは資産家であるから心配ない」と言われたため、渋々、保証人になりました（保証契約書の借主欄には、BとCの名前が記載されていました）。しかし、後日、実際には借主はCのみで、Bは借主ではなかったことが判明しました。私は、保証責任を負うのでしょうか。

▶▶▶ Point
① 主債務者に関する錯誤が「重要なもの」といえるかが問題となります。
② 重過失があると判断されて錯誤が主張できなくなる場合もあるので注意が必要です。

1 錯誤が「重要なもの」といえるか

　設問のケースでは、錯誤を理由に保証契約を取り消すことができる可能性があります。錯誤による契約の取消しが認められるためには、「その錯誤が法律行為の目的及び取引上の社会通念に照らして重要なものである」ことが必要です（民法95条1項柱書）。

　一般に、自分が保証する債務の借主（主債務者）が誰かということは、保証契約において重要な要素とされています。保証人は、借主が支払いを怠ったときに保証債務を履行することになりますが、保証債務を履行した場合、保証人は自ら貸主に対して支払った金額を、本来の支払義務者である借主に対して請求する権利を取得します。この権利を「求償権」と呼びますが、借主が誰かということは、借主の資力や支払意思等と関連するものであり、求

57

第2章　保証契約の成立・有効性をめぐるトラブル

償権の行使に際し、実際上大きな差異を生じることになるからです。

最判平成28年1月12日民集70巻1号1頁は、「保証契約は、主債務者がその債務を履行しない場合に保証人が保証債務を履行することを内容とするものであり、主債務者が誰であるかは同契約の内容である保証債務の一要素となるものである」と述べています（この判例は、保証契約締結後に主債務者が反社会的勢力であることが判明したため、保証人が保証契約の錯誤無効を主張した事案ですが、判決は、主債務者が反社会的勢力でないことはその主債務者に関する事情の1つであって、これが当然に保証契約の内容となっているということはできないなどの理由で、結論としては、錯誤は認められないと判断しています）。

② 重過失の有無

もっとも、自分が保証する借主を間違えることは通常想定できない事態であり、保証人に重大な過失があるとされ、錯誤の主張が認められなくなる可能性があります（民法95条3項1号）。たとえば、借主欄の記載をよく確認せず不用意に保証契約書に署名・捺印して仲介者（借主など）に渡した場合等は、保証人に重大な過失が認められる可能性が高いと思われます。

③ 設問の検討──錯誤による取消しは認められるか

設問のケースでは、保証契約書の借主欄にはBとCの名前が記載されていたとのことですが、後日、借主Bが抹消されていたか、借用証書には最初から借主Cのみが記載されており、保証契約書とは異なっていたものと思われます。あなたは、友人Aの説明や保証契約書の記載内容を前提として、B・C親子両名を一括して借主と考えて保証人になったのであり、借主が資力のないCのみであると知っていたら保証人にはならなかったし、一般的にも、借主がCのみであれば保証はしなかったといえるでしょう。

したがって、保証人にとって保証する借主を間違ったものとして、錯誤が認められる余地はあると思われます。

58

Q18　事前の説明と実際の債務者の資力が異なる場合、保証契約を取り消すことはできるか（錯誤各論③）

Q18 事前の説明と実際の債務者の資力が異なる場合、保証契約を取り消すことはできるか（錯誤各論③）

　私は、会社経営者の知人Ａから、「Ｂ銀行から事業資金3000万円を借りたいので保証人になってほしい」と頼まれました。Ａからは、「事業は順調だから、返済は問題ない」との話があり、また、Ｂ銀行の担当者に「Ａの会社は大丈夫か」と尋ねたところ、「経営状態は心配ない」との回答でしたので、保証人になりました。しかし、実際にはＡの会社は破綻に瀕しており、融資実行から数カ月後に倒産してしまいました。保証契約を取り消すことはできるでしょうか。

▶▶▶ Point
①　主債務者の資力や信用状態に関する錯誤は、「動機の錯誤」になります。
②　動機が「表示されていた」といえるかが重要です。

1　主債務者の資力・信用状態の誤解は「動機の錯誤」

　設問のケースでは、主債務者であるＡの会社の資力や信用状態に関して錯誤があることを理由に、保証契約の取消しができるかが問題となります。主債務者の資力や信用状態は、保証契約の内容そのものに直接関係するものではありませんので、この点に関する錯誤は、保証をする動機になった部分についての錯誤（動機の錯誤）であり、「表意者が法律行為の基礎とした事情についてのその認識が真実に反する錯誤」（民法95条1項2号）にあたります。

　Q15で説明したとおり、動機の錯誤については、「その錯誤が法律行為の目的及び取引上の社会通念に照らして重要なもの」であり、かつ、「その事情が法律行為の基礎とされていることが表示されていたとき」に限り、取り消すことができるとされています（民法95条1項2号・2項）。

59

第2章　保証契約の成立・有効性をめぐるトラブル

　主債務者の資力や信用状態は、保証人が現実に保証債務を履行しなければ
ならないかどうかにかかわる重要な問題であり、主債務者が無資力であるこ
とや信用状態が悪いことを知っていれば、一般的に保証契約を締結すること
はないと考えられます。

　したがって、主債務者の資力や信用状態に関する錯誤については、「法律
行為の目的及び取引上の社会通念に照らして重要なもの」にあたるといえそ
うです。

② 動機が「表示されていた」といえるか

(1)　動機の表示

　他方、動機というのは内心の問題であって必ずしも外部に表示されるとは
限りません。設問のケースについても、あなたが保証契約を締結する際に、
Aの資力や信用状態に不安がないから保証するという動機が明示的に表示さ
れていたとはいえないと思われます。このような場合に、主債務者の資力や
信用状態に不安がないから保証したという動機が、法律行為の基礎として
「表示されていた」といえるかどうかについて、しばしば問題となります。

(2)　錯誤無効を認めた裁判例

　裁判例においては、必ずしも明示的に動機が表示されていない場合であっ
ても、動機の錯誤による保証契約の錯誤無効を認めたケースもあります。た
とえば、銀行の支店長から、その保証で実行される融資を受ければ当面の決
済資金としては十分であると説明され保証人になったところ、数日後に手形
が不渡りになり倒産したという事案で、動機の錯誤による保証契約の錯誤無
効を認めた裁判例（大阪地判昭和62年8月7日判タ669号164頁）があります。

　また、いわゆる闇金融に多額の借金があり、事実上破綻状態であった会社
に対する貸付けに際し、高齢かつ病弱で、土地建物が唯一の財産である者が
情義的に保証人になった事案で、保証契約の錯誤無効を認めた裁判例（東京
高判平成17年8月10日判タ1194号159頁）もあります。この裁判例は、保証人

60

が主債務者の経営状態について破綻状態にあり現実に保証債務の履行をしなければならない可能性が高いことを知っていたならば、唯一の財産である土地建物を担保提供してまで保証する意思はなかったとして、保証人には動機の錯誤があったとしました。そして、融資の時点で破綻状態にある債務者のために保証人になろうとする者は存在しないというべきであるから、保証契約の時点で主債務者が破綻状態にないことは、保証しようとする者の動機として一般に黙示的に表示されているとして、動機の錯誤による保証契約の錯誤無効を認めました。

(3) 錯誤無効を否定した裁判例

一方で、銀行の行員が保証人に対し、借主の資力について借主は取引先として無難であり心配ないと話したので保証人になったところ、実際は借主が破綻に瀕していて数カ月後に倒産したという事案で、動機が表示されていないとして錯誤無効を認めなかった裁判例もあります（東京地判昭和50年1月30日金法754号35頁）。

また、近時の最高裁判例として、信用保証協会と金融機関との間で保証契約が締結され融資が実行されたあとに主債務者が中小企業者の実体を有しないことが判明した事案について、錯誤無効を否定したものがあります（最判平成28年12月19日判タ1434号52頁）。

③ 設問の検討──錯誤による取消しは認められるか

設問のケースは、Aの会社の資力や信用状態に不安がないから保証するという動機が明示的に表示されていたとはいえない一方で、あなたがB銀行の担当者に対し「Aの会社は大丈夫か」と尋ねたところ、担当者からは、「経営状態は心配ない」との回答があったという保証人の錯誤に対して債権者が関与・加担した事案です。保証人の錯誤に対する債権者の関与や加担は、動機が「表示されていた」かどうかを認定するための重要な間接事実（動機が表示されていたことを推認させる事実）として意味をもつと考えられます。ま

第2章　保証契約の成立・有効性をめぐるトラブル

た、債権者の関与・加担は、保証人の重大な過失を否定する理由にもなり得ます。

　上記の事情だけでは判断はできませんが、設問のケースについては、前掲の裁判例に照らし、たとえば、ほかに、Ｂ銀行も保証契約の時点でＡの会社が破綻状態にあることを知っていた（または容易に知り得た）、あなたの資力やＡとの関係性からすれば、あなたとしては、Ａの会社が破綻状態にあることを知っていれば保証する意思はなかったなどの事実が認められる場合には、Ａの会社の資力や信用状態に不安がないから保証をしたという動機が、法律行為の基礎として（黙示的に）「表示されていた」として、錯誤による取消しが認められる余地もあると思われます。

4 公正証書の作成、主債務者の情報提供義務

　なお、設問のケースは、「事業のために負担した貸金等債務を主たる債務とする保証契約」にあたりますので、保証契約の締結に先立ち、公正証書の作成が必要となります（詳細はＱ28を参照）。

　また、民法465条の10によると、主債務者が事業のために負担する債務を主債務とする保証等について、主債務者は、保証人に対し、契約締結時に「財産及び収支の状況」などに関する情報を提供しなければならないとされています。設問のケースについては、この規定による保証契約の取消しも考えられます（詳細はＱ31を参照）。

62

Q19 事前の説明と異なり他の保証人がいなかった場合、保証契約を取り消すことはできるか（錯誤各論④）

Q19 事前の説明と異なり他の保証人がいなかった場合、保証契約を取り消すことはできるか（錯誤各論④）

　私は、友人Aから、銀行から借入れをする際の保証人になってほしいと頼まれました。Aからは、私のほかにも資産家のBを保証人に付けるから大丈夫との話があり、保証契約書の保証人欄にもBの氏名が記載されていましたので、私は、Aの話を信じて、保証契約書に署名押印しました。しかし、後日、実際には、Bは保証人になることを同意しておらず、保証人は、私一人であることが判明しました。保証契約を取り消すことはできないでしょうか。

▶ ▶ ▶ Point
① 他の保証人の存在に関する錯誤は、動機の錯誤にあたります。
② 保証責任のすべてが否定されるとは限りませんので、注意が必要です。

1 他の保証人の存在に関する錯誤は「動機の錯誤」

　設問の事例は、主債務者に他の人的担保が存在するという点に関して錯誤があるケースです。他の保証人の存在は、保証契約の内容そのものに直接関係するものではありませんので、この点に関する錯誤は、保証をする動機になった部分についての錯誤（動機の錯誤）であり、「表意者が法律行為の基礎とした事情についてのその認識が真実に反する錯誤」（民法95条1項2号）にあたります。

2 錯誤による取消しが認められるためには

　動機の錯誤については、「その錯誤が法律行為の目的及び取引上の社会通念に照らして重要なもの」であり、かつ、「その事情が法律行為の基礎とさ

63

第2章　保証契約の成立・有効性をめぐるトラブル

れていることが表示されていたとき」に限り、取り消すことができます（民法95条1項2号・2項）。

　主債務者に他の保証人が存在するかどうかは、保証人が実際に保証債務を履行する場面において、保証人の責任や負担の範囲ともかかわる重要な問題です。したがって、他の保証人の存在に関する錯誤については、「法律行為の目的及び取引上の社会通念に照らして重要なもの」にあたるといえそうです。

　他方、動機が法律行為の基礎として「表示されていた」といえるためには、原則として、債権者に対し、ほかにも保証人がいるから保証するという動機を明示的に告げることが必要です。

　以上については、ほかに保証人が存在すると誤解して保証した場合のみならず、主債務者に価値のある不動産等の物的担保が存在すると誤解して保証した場合など、物的担保の存在に関する錯誤についても同様にあてはまります。

3　設問の検討——錯誤による取消しは認められるか

　設問のケースについては、保証人欄にBの氏名が記載されていた保証契約書に署名押印したという事情がありますので、保証人Bの存在という動機を債権者である銀行に明示的に告げていたと認められる余地はあると思われます。ただし、同様の事案で、錯誤の成立を否定した裁判例もあります（最判昭和38年2月1日判タ141号53頁）。

　なお、錯誤による取消しが認められるとしても、保証責任のすべてが否定されるとは限りません。資力あるもう一人の保証人が立てられることが保証契約締結の動機であり、かつ、その動機が債権者に表示された事例において、主債務の2分の1については保証責任を負う意思で保証契約を締結したとして、主債務の2分の1の範囲では保証責任を認めた裁判例があります（大阪高判平成2年6月21日判タ732号240頁）。設問のケースでも、保証責任の

64

Q19　事前の説明と異なり他の保証人がいなかった場合、保証契約を取り消すことはできるか（錯誤各論④）

すべてが否定されるとは限りませんので、注意が必要です。

4 主債務者の情報提供義務

　民法465条の10は、主債務者が事業のために負担する債務を主債務とする保証等について、主債務者による契約締結時の情報提供義務を規定しています。情報提供義務の内容には、「主たる債務の担保として他に提供し、又は提供しようとするものがあるときは、その旨及びその内容」も含まれています（民法465条の10第1項3号）。錯誤による取消しが認められないとしても、一定の要件を満たす場合には、この規定によって保証契約を取り消すことも考えられます（詳細はＱ31を参照）。

第2章　保証契約の成立・有効性をめぐるトラブル

Q20　事前の説明と実際の保証金額が異なる場合、保証契約を取り消すことはできるか（錯誤各論⑤）

> 私は、友人Ａに頼まれ、Ａが銀行から借入れをする際の保証人になりました。Ａからは、借入金額は100万円であると聞いていましたので、保証契約書の内容をよく確認せずに、署名・捺印しました。しかし、後日、契約書の内容をあらためて確認すると、借入金額が300万円と記載されていることに気づきました。私は、300万円の保証債務を負うのでしょうか。

▶ ▶ ▶ Point

① 「重大な過失」の有無が問題となります。

② 保証金額の記載のない契約書に署名した場合は保証責任を負いません。

1 「重大な過失」の有無

(1) 保証金額に関する錯誤

　設問のケースは、保証金額に関して錯誤がある事例です。あなたとしては、保証金額を100万円と認識しており、300万円を保証する意思はなかったことから、「意思表示に対応する意思を欠く錯誤」（民法95条1項1号）があったといえます。保証金額がいくらであるかは、保証契約の要素にあたりますので、この点に関する錯誤は、「法律行為の目的及び取引上の社会通念に照らして重要なもの」（同項柱書）にあたると考えられます。

　もっとも、設問のケースは、保証人になろうとする人が、保証契約書の内容をよく確認せずに署名・捺印したケースです。貸主の銀行があなたに対し、保証金額についてどのような説明をしていたかにもよりますが、漫然と保証契約書に署名・捺印したとなると、保証人において取引上当然なすべき

66

Q20　事前の説明と異なり他の保証人がいなかった場合、保証契約を取り消すことはできるか（錯誤各論④）

注意義務を著しく欠くものとして、「重大な過失」（民法95条3項）があると評価され、錯誤による取消しが認められない可能性もあります。

(2)　裁判例

裁判例においては、主債務が主債務者と債権者との間の与信契約に基づく継続的取引によって将来発生する不確定金額の債務であるのに、保証人が、これを100万円の消費貸借契約に基づく確定的な債務と誤信して連帯保証した事案において、取引約定書には確定債務の発生を目的とする契約と誤解されるような記載はなく、同契約書の活字は大きく印刷も鮮明で、全文でも半紙1枚にすぎずこれを通読するのにさほどの労力も要しないこと、保証人には自分が署名捺印を求められている書面を読むだけの機会（時間）もあり、これを理解できるだけの能力もあるのに漫然と署名捺印をしたこと、必ずしも取引約定書の全文を通読しなくとも、その概略に目を通せばおおよそ自分が保証しようとする主債務がそれまでの主債務者の説明とは相違するものであることは容易に知り得たところであるのに、これすらしなかったとして重過失があるとした裁判例があります（東京地判昭和42年6月17日判タ210号205頁）。

一方、保証人が、主債務者から150万円の借入れの保証人になってくれと頼まれ、保証限度額欄に金額の記載のない基本約定書に保証人として署名捺印したところ、実際は限度額800万円の根保証が設定されていた事案について、金融業を営む債権者が、条項がきちんと記入された契約書の作成や契約内容をしっかり説明することによる錯誤の発生の防止を履践しなかったのに対し、それほど法律知識があるとは認められない保証人がいわれるままに細字の継続取引の保証条項を含む基本取引契約書に署名したからといって、保証人に重大な過失があると認めることはできないとした裁判例もあります（大阪地判昭和63年3月24日判タ667号131頁）。

(3)　保証責任の範囲

なお、設問のケースについては、「重大な過失」はないと判断され、錯誤

第2章 保証契約の成立・有効性をめぐるトラブル

による取消しが認められたとしても、錯誤のない100万円の範囲では保証責任を負う可能性があります。

② 保証金額の記載のない保証契約書に署名・捺印した場合

では、あなたが、友人Bから借入金額は200万円であると説明され、Bのために保証金額欄が空白の保証契約書の連帯保証人欄に署名・捺印したところ、後日、契約書の内容をあらためて確認すると、保証金額欄には500万円と記載されていたことが判明したというケースでは、500万円の保証債務を負うことになるのでしょうか。

このケースは、保証金額の記載のない保証契約書に署名・捺印していることから、保証契約の書面性の要件を満たさず、そもそも保証契約は成立していないと考えることができます（保証契約の書面性の問題については、詳細はＱ４を参照）。保証契約が成立していない以上、あなたは、500万円の保証債務はもちろん、200万円の範囲でも保証責任を負わないと考えられます。保証人としては、契約の際に、自分が署名・捺印した保証金額欄が空白の保証契約書の控え（コピー）をもらっておくことが大切です。

Q21 保証した債務が架空の売買契約であった場合、保証人の責任を負うか

Q21 保証した債務が架空の売買契約であった場合、保証人の責任を負うか

　私は、勤務先のＡ社がＢ社から機械を購入する際、立替払契約書と一体となった連帯保証契約書に署名押印しました。その後、Ａ社が事実上倒産し、私は、その時はじめて、機械の売買が存在せず、Ｂ社がクレジット会社から受領した立替金をＡ社の社長に支払っていたことを知りました。私は、クレジット会社からの請求を拒むことができますか。また、仮に私が、機械の売買が存在しないことを知っていた場合、何か違いがありますか。

▶ ▶ ▶ Point
・錯誤を理由に連帯保証の意思表示を取り消すことが考えられます。

1 保証契約の成立

　設問では、保証人となろうとする者が、その意思で連帯保証契約書に署名押印をしていますので、連帯保証契約の合意があるといえます。この連帯保証契約の合意は、Ａ社がＢ社から機械を立替払契約（クレジット契約）により購入するにあたり、Ａ社がクレジット会社に対して負担する立替金債務を連帯保証することを内容とするものです。

　また、保証契約は書面でしなければ効力を生じませんが（民法446条2項）、設問では連帯保証契約書を作成しており、書面性の要件を満たします。

2 錯誤とは

　旧民法95条では、「意思表示は、法律行為の要素に錯誤があったときは無効とする。ただし、表意者に重大な過失があったときは、表意者は自らその

69

第2章　保証契約の成立・有効性をめぐるトラブル

無効を主張することができない」と規定されていました。ここでいう「要素の錯誤」とは、その点について錯誤がなかったならば表意者は意思表示をしなかったであろうし、一般人もまたそのような意思表示をしなかったであろうことを意味しています。

　2017年改正後の民法では、①意思表示に対応する意思を欠く錯誤、または、②表意者が法律行為の基礎とした事情についてのその認識が真実に反する錯誤に基づき意思表示をした場合であって、その錯誤が法律行為の目的および取引上の社会通念に照らして重要なものであるときは、原則として、意思表示を取り消すことができる旨が規定されました（民法95条1項1号・2号。ただし、上記②の場合は法律行為の基礎とした事情が法律行為の基礎とされていることが表示されていたときに限ります。同条2項）。上記①および②の類型が追加されていますが、表示の錯誤と動機の錯誤（Q15参照）の場合を明文化したものであり、実質的な変更はありません。また、「法律行為の要素」が「その錯誤が法律行為の目的及び取引上の社会通念に照らして重要なもの」と書き改められていますが、前述した「要素の錯誤」の判断枠組みは維持されています。他方で、今回の改正では、錯誤の効果が「無効」から「取消し」に変更されました（詳細はQ15を参照）。

3　架空の売買とクレジット契約の保証に関する判例

⑴　最判平成14年7月11日判時1805号56頁

　設問における錯誤の成否については、最判平成14年7月11日判時1805号56頁が参考になります。事案の概要は次のとおりです（なお、設問にあわせて、機械の買主を「A社」、売主を「B社」とし、保証人をYとします）。

⑵　事案の概要

　Yは、印刷会社A社の従業員として勤務していた頃、A社の社長から、A社がB社から印刷用機械（以下、「本件機械」といいます）を立替払契約により購入するにあたって連帯保証人になるよう頼まれました。Yは、連帯保証

人となることを了承し、クレジット会社との間で連帯保証契約を締結しました。連帯保証契約書は、立替払契約書と一体になっており、A社がB社から購入する本件機械の代金300万円をクレジット会社が立替払いすること、A社は、クレジット会社に対し、立替金300万円および手数料78万333円の合計378万333円を、初回は6万3333円、2回目以降は毎月6万3000円ずつ分割して支払うこと、A社が1回でも支払いを遅滞したときは期限の利益を喪失することなどが記載されていました。その後、クレジット会社が上記契約に基づいて300万円をB社に支払いました。ところが、契約締結から約2カ月後、A社は支払いを遅滞したことにより期限の利益を喪失しました。そこで、クレジット会社がYに対して立替金等の残金と遅延損害金の支払いを求めて提訴しました。実は、A社は、上記立替払契約に先立って別会社から本件機械と同種の機械を取得しており、本件機械は必要のないものでした。A社の社長は、営業資金を捻出するため、本件機械の売買契約がないのに本件機械を購入する形をとったいわゆる空クレジットを計画し、上記立替払契約を締結したうえ、B社との間で、クレジット会社から支払われた立替金をB社が受領し、振込手数料等を控除した残額をA社に交付することを合意していたのです。Yは、保証契約締結時にそのことを知らなかったので、クレジット会社に対し、上記保証契約は錯誤により無効であると主張しました。

(3)　最高裁の判断

上記判例は、「保証契約は、特定の主債務を保証する契約であるから、主債務がいかなるものであるかは、保証契約の重要な内容である。そして、主債務が、商品を購入する者がその代金の立替払を依頼しその立替払を分割して支払う立替払契約上の債務である場合には、商品の売買契約の成立が立替払契約の前提となるから、商品売買契約の成否は、原則として、保証契約の重要な内容であると解するのが相当である」としたうえで、①上記立替払契約は、クレジット会社において、A社がB社から購入する本件機械の代金をB社に立替払いし、A社は、クレジット会社に対し、立替金および手数料の

第2章 保証契約の成立・有効性をめぐるトラブル

合計額を分割して支払う、という形態のものであり、上記保証契約は上記立替払契約に基づきA社がクレジット会社に対して負担する債務について連帯して保証するものであるところ、②上記立替払契約はいわゆる空クレジット契約であって、本件機械の売買契約は存在せず、③連帯保証人は、保証契約を締結した際、そのことを知らなかった、というのであるから、保証契約における連帯保証人の意思表示は法律行為の要素に錯誤があったものというべきである旨判示しています。

4 設問の検討

前述のように、2017年の民法改正では錯誤の要件に実質的な変更はありませんので、結論としては上記判例と同様に考え、連帯保証人は錯誤があることを理由に連帯保証の意思表示を取り消すことができると考えられます。その際の根拠規定としては、上記判例からは判然としませんが、民法95条1項2号になると考えられます。同号の錯誤を理由とする取消しは、その事情が法律行為の基礎とされていることが表示されていたときに限りすることができるものとされていますが（同条2項）、保証契約書上に売買契約に関する記載があれば、売買契約が正規のものであることが当然の前提とされていると考えられますので、その保証契約書に署名押印をすること自体が上記の表示にあたると評価すべきでしょう。

5 空クレジットであることを知っていた場合

以上とは異なり、連帯保証人が売買契約の不成立を知っていた場合には、意思表示に対応する意思を欠くとも、法律行為の基礎とした事情についてのその認識が真実に反するともいえませんので、錯誤はないということになり、連帯保証の意思表示を取り消すことはできません。したがって、連帯保証人は立替金残高の支払いをしなければならないと考えられます。

Q22 クレジットカードの立替払いをした契約が解除された場合、保証人はカード会社に責任を負うか

私の友人は、Ａ社から自動車を購入するにあたり、信販会社である
Ｂ社と契約し、クレジットカードをつくりました。私は、その際、Ｂ
社との間で連帯保証契約を締結しました。友人は、「Ｂ社への支払いは
５年で完済予定である」と言っていました。ところが、期限が過ぎて
もＡ社が自動車の引渡しをしなかったため、友人は、Ａ社との売買契
約を解除しました。その後、友人は多額の借金を理由に夜逃げをし、
私がＢ社から督促を受けるようになりました。私はＢ社の督促に応じ
なければなりませんか。

▶ ▶ ▶ Point

・主たる債務者の支払停止の抗弁権を主張することが考えられます。

1 支払停止の抗弁権（抗弁の接続）

設問では、連帯保証人が保証債務の履行を拒むことの可否が問題となって
いますが、まずは、友人がＢ社の支払請求を拒むことの可否について考えて
みましょう。

本来、売買契約と立替払契約とは別個の契約ですので、売買契約が解除さ
れたとしても、当然に立替払契約に影響を及ぼすものではありません。最判
平成２年２月20日判時1354号76頁は、割賦販売法30条の４第１項が新設さ
れ、1984年に施行される前の個品割賦購入あっせんについて、売買契約が販
売業者の債務不履行を理由として合意解除された場合であっても、立替払契
約において、かかる場合には購入者があっせん業者の履行請求を拒みうる旨
の特別の合意があるとき、または不履行の結果をあっせん業者に帰せしめる

73

第2章　保証契約の成立・有効性をめぐるトラブル

のを信義則上相当とする特段の事情があるときでない限り、購入者が合意解除をもってあっせん業者の履行請求を拒むことはできないと判断しています。

　しかし、1984年の割賦販売法改正により、包括信用購入あっせんと呼ばれる取引を行った場合、購入者は、販売業者等に対して生じている事由をもって、あっせん業者に対抗することができるようになりました（割賦販売法30条の4第1項）。これは、「支払停止の抗弁権」または「抗弁の接続」と呼ばれています。

　設問では、友人がB社と締結したクレジット契約は、B社が友人にカードを交付し、友人がカードを提示するなどして商品を購入し、あらかじめ定められた時期ごとに、商品の代金の合計額を基礎としてあらかじめ定められた方法により算定して得た金額を支払うものですので、包括信用購入あっせんにあたります（割賦販売法2条3項2号。正確な定義については同号参照）。そして、友人はA社との売買契約を解除しているところ、これは販売業者に対して生じている事由といえます。したがって、友人は、B社の請求を拒むことができます。

2　保証人による主たる債務者の抗弁の援用

　旧民法457条2項は、保証人は、主たる債務者の債権による相殺をもって債権者に対抗することができる旨を規定していました。これに対し、2017年改正後の民法457条2項は、保証人が対抗することのできる事由を、主たる債務者が債権者に対して有している抗弁一般に拡張しました。すなわち、保証人は、主たる債務者が主張することのできる抗弁をもって債権者に対抗することができます（この点についてはQ43を参照）。

　設問では、連帯保証人は、友人が主張することのできる支払停止の抗弁権をもってB社に対抗することができます。したがって、連帯保証人は、B社の請求を拒むことができます。

74

Q22 クレジットカードの立替払いをした契約が解除された場合、保証人はカード会社に責任を負うか

　もっとも、B社が、友人とA社との売買契約が解除されたことを争った場合、連帯保証人としては、友人が契約を解除したことを立証することが必要となります。このような場合に備えて、あらかじめ、友人に対して、A社の契約履行状況に関する情報提供を依頼しておき、友人から契約を解除する旨の連絡を受けた際は、解除通知書の控えをコピーさせてもらうなどの対応をとることが考えられます。

第2章　保証契約の成立・有効性をめぐるトラブル

┌─ コラム② 売買契約における売主の担保責任 ─┐

売買によって引き渡された目的物が種類、品質または数量に関して契約の内容に適合しないものであるときは、買主は、売主に対して、次のような請求をすることができます（「瑕疵」は「契約不適合」と改正されました）。

1　追完請求

買主は、売主に対して、目的物の修補や代替物の引渡しを請求することができます（民法562条1項）。このような請求を「追完請求」といいます。

2　代金減額請求

買主が、相当の期間を定めて売主に対して追完を求めたにもかかわらず、その期間内に追完がないときは、買主は、その不適合の程度に応じて代金の減額を請求することができます（民法563条1項）。追完が不能であるなど一定の場合には、買主は、直ちに代金減額請求ができます（同条2項）。

3　解　除

買主が、相当の期間を定めて追完を求めたにもかかわらず、期間内に追完がないときは、買主は、契約を解除することができます（民法564条・541条）。ただし、契約不適合が契約および取引上の社会通念に照らして軽微であるときは解除できません（民法541条ただし書）。追完が不能であるなど一定の場合には、直ちに解除することができます（民法542条）。

4　損害賠償請求

買主は、売主に対し、その契約不適合によって生じた損害の賠償を請求することができます（民法564条・415条）。ただし、契約不適合が契約および取引上の社会通念に照らして売主の責めに帰することができない事由によるものであるときは、損害賠償を請求できません（民法415条ただし書）。

5　売主の担保責任の期間制限

買主は、種類または品質に関して契約に不適合な目的物の引渡しを受けた場合、その不適合を知った時から1年以内にその旨を売主に通知しないときは、上記(1)から(4)の権利を行使することができなくなります（民法566条。数量不足による契約不適合や、売主が契約不適合を知っていたような場合には、この期間制限は妥当しません（同条ただし書））。なお、通知をした後の買主の権利は、消滅時効の一般原則に従います（民法166条。消滅時効についてはコラム⑦参照）。

└──────────────────────────────┘

Q23 恐怖を感じその場から逃れたい一心で保証契約をした場合、契約を取り消すことができるか

交際している人に頼まれて、全身入れ墨の男性に囲まれた中で面識のない人のために連帯保証をしてしまいました。彼氏や入れ墨を入れた男性たちから、殴られたり、殴るぞと脅されたりしたわけではないのですが、その場から逃れたい一心で連帯保証契約書に署名と押印をしてしまいました。この場合でも、保証債務を支払わなければならないのでしょうか。

▶ ▶ ▶ Point

① 「強迫」による保証契約は取り消すことができる可能性があります。

② 直接的な暴力・暴言がなくとも、「強迫」にあたる場合があります。

1 はじめに

設問のケースは、強迫により保証の意思表示をさせられた場合に該当する可能性が高いと思われます。強迫が認められる場合は、債権者に対し、保証の契約を取り消す旨の意思表示をして、支払いを拒絶できます（民法96条1項）。

2017年の民法改正において、強迫についての改正は盛り込まれませんでした。そのため、改正後も従前どおりの解釈、判例によって実務は運用されると考えられます。そこで、従前の解釈と対応方法について説明します。

2 「強迫」の解釈

(1) 意 義

「強迫」とは、「他人に害悪を示して恐怖を感じさせ、それによって意思表

77

第2章　保証契約の成立・有効性をめぐるトラブル

示をさせようとする行為」を指すとされています。そして、「強迫」によってなされた意思表示を「強迫による意思表示」といいます。「強迫による意思表示」を行ってしまった場合は、取り消すことができるとされています（民法96条1項）。

これと混同しやすいものとして、意思表示の不存在があげられます。意思表示の不存在とは、手をつかんで無理矢理契約書にサインをさせたり、暴力等によって抵抗する意思を奪った状態でサインをさせたりした場合のように、そもそも意思の自由がない状態でなされた意思表示を指します。意思表示の不存在の場合は、契約する意思そのものがないことになりますので、当然に契約は無効となり、支払義務は発生しません。

(2)　要　件

では、どのような場合に「強迫による意思表示」として、取り消すことができるのでしょうか。

強迫による取消権が認められる要件としては、①強迫者の故意、②違法な強迫行為の存在、③強迫行為による畏怖、④畏怖による意思表示の4つがあげられています。それでは、①から④の要件について具体的にどのような場合に認められるか検討していきましょう。

(3)　①強迫者の故意とは

強迫者の故意には、2つの故意が含まれるとされています。

まず、1つ目は他人に恐怖（畏怖）を感じさせる故意です。これは、読んで字のごとく、相手を怖がらせようとする意思、目的があることです。

2つ目は上記の恐怖（畏怖）に基づいて一定の意思表示をさせようとする故意です。これは、相手が怖がったのに乗じて、自分に有利な契約などを行わせる意思、目的をもっていたことを指します。たとえば、第三者を告発すると告げたところ、これを告げられた人物が驚いて自分の意思でした契約は、強迫者の故意を欠き強迫による意思表示ではないとされます（大判昭和11年11月21日民集15巻2072頁）。

78

Q23　恐怖を感じその場から逃れたい一心で保証契約をした場合、契約を取り消すことができるか

(4) ②違法な強迫行為の存在とは

「強迫行為」とは、「害悪を示して他人をおそれさせる行為」と定義されています。ここでの害悪とは財産にかかわるものに限られず、神罰がくだるなどの精神的なものでもよいとされています。

もっとも、「害悪を示して他人をおそれさせる行為」すべてが要件を満たすわけではありません。その行為が「違法」でなければなりません。ここでの「違法」とは、社会通念上許される限度を超えた許されないものであることを指します。ここで問題となる具体例としては、被用者が横領した場合に、その身元保証人である父に、告訴すると言って損害賠償に代えて借金証文を差入れさせられたような場合です。告訴、告発は国民の正当な権利であるため、これを行うこと自体は何ら違法ではなく、これを用いて自分に有利な契約を締結させる目的を有していても、これだけでは「違法」とはいえず、上記借金証文の差入れは、強迫による意思表示とはされません。しかし、設問のように長時間にわたって監禁、恫喝するなど手段が相当性を欠いていたり、相手の恐怖を利用して契約させるなど不当な目的を有していたりする場合には違法となるのみならず、後述するように脅迫罪等が成立する余地があります。

(5) ③強迫行為による畏怖、④畏怖による意思表示

強迫行為によって恐怖（畏怖）し、これに基づいて意思表示を行うことが必要とされています。

そのため、強迫者を憐れんで意思表示を行った場合は、強迫による意思表示とはいえません。また、強迫行為によって完全に意思の自由が奪われた場合は、意思の不存在として、強迫ではなく、当然に無効となります。

③ 対応方法

(1) 民事的な対応方法

では、実際に強迫されて契約書にサインししまった場合はどうすればよい

79

第2章　保証契約の成立・有効性をめぐるトラブル

のでしょうか。

　強迫による意思表示は、取り消すことができます。もっとも、この取消権には、行使できる期間が決まっています。すなわち、強迫を受けた人がその状況を脱したときから5年以内に取消しを行わなければ、以後取消権を行使することができなくなってしまいます（なお、行為の時から20年経過したときも行使できなくなります（民法126条））。そのため、強迫による意思表示を行った人はすぐさま、取消権の行使をする必要があります。強迫状況から脱し、取り消せることを知ったあとに、契約内容を一部でも履行してしまうと、追認したものとみなされ、以後取消しをすることができなくなってしまう場合がありますので注意してください（民法125条1号・124条1項、Q14を参照）。

　取消権の行使方法としては、口頭で取り消す方法もありますが、これでは後に紛争になった際に客観的な証拠がないことになってしまいます。そのため、証拠を保存するためにも、内容証明郵便による取消権行使をお勧めします。

(2)　刑事的な対応方法

　相手から強迫行為があった場合は、刑事上の脅迫罪もしくは強要罪（刑法222条・223条）にあたる可能性があります。そのため、相手方を刑事告訴し、処罰を求めることも対抗手段として考えられます。もっとも、これを行ったとしても、民事上の責任を免れるわけではありませんので、民事的な対応とは別枠に考え、並行して行う必要があります。

(3)　専門機関への相談

　強迫を行ってくるような相手と一人で対峙することは、大変な心労を伴います。強迫行為を取り消すべく対峙したために、相手から再度強迫されることも考えられます。少しでも不安に思われる場合は、弁護士などの専門家に相談して適切な処理を行ってもらうようにしましょう。

80

Q24 未成年者が保証契約を締結した場合、その未成年者は保証人の責任を負うか

Q24 未成年者が保証契約を締結した場合、その未成年者は保証人の責任を負うか

子どもが、友達（未成年）の借金の連帯保証人になっていることが最近発覚しました。現在その友達は、行方不明です。子どもは保証人として友達が借りたお金を返さなければならないのでしょうか。

▶ ▶ ▶ Point
① 未成年者が締結した契約は取り消すことができます。
② 子どもの現在の年齢によって取消権者が異なります。
③ 取消権には、期間制限があります。

1 はじめに

子どもの年齢に応じて対応が異なります。そのため、以下では、①子どもが現在未成年者の場合（婚姻した場合は含まない）、②契約時は未成年者であったが、現時点では成人（婚姻した場合も含む）となっている場合、③契約時点ですでに成年（婚姻した場合も含む）であった場合に分けて検討します（〔表１〕参照）。

なお、2018年には、民法の成年年齢を20歳から18歳に引き下げること等を内容とする民法改正が行われています（2022年４月１日施行予定）。

2 ①子どもが現在未成年者の場合

(1) 保証契約の効力

未成年者は、行為能力が制限されています。すなわち、原則、未成年者は法定代理人の同意を得なければ法律行為を行うことはできないとされ、同意を得ないで行った法律行為は取り消すことができるとされています（民法5

81

第2章　保証契約の成立・有効性をめぐるトラブル

〔表1〕　子どもの年齢による場合分け表

	保証契約の取消しの可否	取消可能期間	取消権者	主債務契約との関係
子どもが現在未成年者の場合	○	成年後5年間ないし親が保証契約締結を知った時から5年間のいずれか到来が早い期間	子ども本人およびその承継人、親権者	履行拒絶できる
契約時は未成年者であったが、現時点では成人となっている場合	○	成年後5年間	子ども本人およびその承継人	履行拒絶できる
契約時時点ですでに成年であった場合	×	×	×	契約時友人が未成年者であることを知っていると履行拒絶できない。

※○：取消し可　×：取消し不可

条1項・2項）。ただし、親からもらったお小遣いの範囲内であれば未成年者であっても自由に法律行為を行うことは認められているなどの例外があります（同条3項）。

　設問の保証契約は、明らかにお小遣いの問題ではありませんので、当然法定代理人である親の同意が必要となる案件です。しかし、設問では、親の同意がないようなので、この保証契約は取消しが可能な事案と思われます。

(2)　取消権者

　未成年者は、法律行為を行うことが制限されています。そのため、親権者が取り消すことができる一方、未成年者であるお子さんが単独で法律行為である取消しを行うことができないのではないかとも思われます。しかし、取消しは未成年者などの制限行為能力者に不利益を生じないものであるため、未成年者単独での取消しが認められると一般的に解釈されています。

　したがって、設問では、法定代理人である親と子どもがそれぞれ、単独で保証契約を取り消すことができることとなります（民法120条1項）。

(3)　主債務契約

設問の主債務契約も、未成年者である友達が行った契約であるため、法定代理人の同意がなければ、取り消すことができる契約となります。主債務者等が取り消すのであれば、付従性によって保証契約も当然消滅することになります（例外として民法449条）。しかし、設問では、友達は行方不明となっているため、友達およびその法定代理人からの取消権行使の可能性は著しく低いものといえます。

そこで、保証契約を行った子どもないし、親権者（法定代理人）であるあなたが主債務契約について取り消すことができるか問題となります。

この問題につき2017年の民法改正により、保証人は主債務契約を取り消すことはできないが、保証債務の履行を拒絶することができると明文化されました（民法457条３項。詳細はＱ42を参照）。

設問では、子ども自身が主債務契約の取消しはできませんが、保証債務の履行を求められても、主債務契約に取消事由があることを理由に、履行を拒むことができます。

③ ②契約時は未成年であったが現在は成人である場合

(1) 保証契約

契約時に未成年であれば、上記②の場合と同様に取り消すことができるものと思われます。

ただし、未成年者と法定代理人は、いつまでも取消しができるわけではありません。この点について、2017年の民法改正で若干の改正がありました。すなわち、民法126条において「追認することができる時から」５年間行使しなければ、取消しをすることができないとされているところ、追認することができる時について、民法124条１項を「取消しの原因となった状況が消滅し、かつ、取消権を有することを知った」時として、取消権を有することを知ったことを要件とすることについて明文化しました。また、同条２項１号において、「法定代理人又は制限行為能力者の保佐人若しくは補助人が追

第2章 保証契約の成立・有効性をめぐるトラブル

認するとき」は、取消しの原因となった状況が消滅していなくとも追認できると明文化されました。これは、これまでの判例および学説に沿った形で明文化されています。

自ら契約をした未成年者は、成人に達した時に取消しの原因となった状況が消滅し、取消権を行使できると知ったと推定されるため、その時点から5年間のうちに取消権を行使しなくてはならなくなります。他方、法定代理人は、子どもが成年に達したことで取消権を失います。

設問の子どもが成人しているとすると、親は取り消すことはできませんが、子ども本人は成年後5年までであれば、自ら保証契約を取り消すことで保証債務を免れることができます。

(2) **主債務契約**

上記②の場合と同様に、民法457条3項により、履行拒絶をする余地があります。

4 ③契約時点ですでに成年であった場合

この場合は、親も子どもも保証契約を取り消すことはできません。では、子どもは、お金を借りた友人が未成年であることを理由に、保証債務の支払いを免れたり、拒絶したりすることができるのでしょうか。

お金を借りた友人が未成年であれば、その友人と友人の法定代理人は、お金を借りた契約（金銭消費貸借契約）を取り消すことができます。保証契約は、主となる契約に付随して存在しますので、主となる契約が取消しなどにより消滅すれば、それに付随して保証契約も消滅するのが原則です。もっとも、友人が未成年者であることを知って保証をした場合は、独立して債務が存続すると推定されることから、履行の拒絶はできないものと考えられます（詳細については、Q8を参照）。

84

Q25 親権者が本人に無断で保証契約を締結した場合、本人は保証人の責任を負うか（代理権の濫用）

Q25 親権者が本人に無断で保証契約を締結した場合、本人は保証人の責任を負うか（代理権の濫用）

私が未成年のときに、親が勝手に私を親の借金の連帯保証人にして
いました。そのため、突如金を貸していたという人物から、借りたお
金を返せと言われました。私は、払わなければならないのでしょうか。

▶ ▶ ▶ Point
① 親でも、子どもに一方的に不利な内容の契約を締結することはできませ
ん。
② 無効の契約でも、追認に注意が必要です。

1 はじめに

親が子どもに不利益な契約を結ぶことがままあります。この場合に、子ど
もは、親が勝手に結んだ契約に拘束されるのでしょうか。ここでは、親であ
る法定代理人の代理権の範囲が問題となりますので、これについて以下で説
明していきたいと思います。

2 法定代理権の範囲

親などの親権者には、法律行為を行うことが制限されている子どものため
に、子どもの財産管理など広範な代理権が付与されています（民法824条）。
しかし、親権者と子どもとの利益が相反する場合は、特別代理人を家庭裁判
所に選任してもらわなければなりません（民法826条）。これに反して行った
代理行為は、無権代理行為として、子どもに契約の効力が及ばないこととな
ります。

また、直接親権者と子どもとの利益が反する場合でなくとも、「子の利益

85

第2章　保証契約の成立・有効性をめぐるトラブル

を無視して自己の又は第三者の利益を図ることのみを目的としてされるなど、親権者に子を代理する権限を授与した法の趣旨に著しく反すると認められる特別の事情」がある場合は、代理権の濫用として、子どもに契約の効力は及ばないとされています（最判平成4年12月10日民集46巻9号2727頁）。たとえば、両親が子どもを他人の借金の連帯保証人にするようなとき、この特別な事情が認められる可能性があります。もっとも、特別な事情が認められるかの判断は、親権を行使する親権者が子どもをめぐる諸般の事情を考慮して子どもを代理して法律行為を行うため広範な裁量が認められていることから、制限的に解釈されています。

3　追　認

　無権代理行為となる場合も、後に追認がなされれば、有効な契約として、拘束力をもつことになります。そのため、無権代理行為を主張して、保証債務を拒絶したいと考えている場合は、追認しないようにしなければなりません。

　設問において、あなたは、親に、無断で保証債務に関する書面を作成されています。そうすると、この書面作成についての代理権はそもそも存在しないため、これはあなたの保証意思に基づかない書面の作成となります。民法が保証契約の成立において書面の作成を求めている趣旨から考えると、単に保証する内容の書面が作成されていることのみならず、本人の保証意思に基づいて書面が作成されたことが必要となります。そうすると、設問では、仮に保証契約についての書面が作成されていたとしても、あなたの意思に基づかないで作成されたものであることは明らかですので、書面性の要件を満たさず、保証契約自体の成立が認められないため、履行によって黙示の追認が認められる余地はないものと考えられます（この点については、Q14も参照）。

　もっとも、成人に達した後にあなたから保証契約についての書面を相手に提出するなどによって、追認も認められる場合があるため、追認しない場合

Q25 親権者が本人に無断で保証契約を締結した場合、本人は保証人の責任を負うか（代理権の濫用）

は、無権代理である旨を内容証明郵便などで相手方に明確に示しておくことが望ましいと思われます。

4 設問の検討

　設問の連帯保証契約は、子どもの負担のもとに親が貸金債務から免れうるものであり、親の利益と子どもの利益が対立する関係となっていますので、家庭裁判所に選任された特別代理人でなければ、これを行うことはできません。それにもかかわらず、設問では親が勝手に保証契約を行っていることから、無権代理行為となり、子どもには効力は及ばないこととなります。

　以上から、あなたの親が未成年であるあなたに代わって保証契約を締結したとしても、代理権の濫用として無権代理行為となり、あなたが保証債務を支払う必要はないものと考えます。もっとも、追認したと相手方から言われないためにも、内容証明郵便等で無権代理行為であることを明確に示しておくべきです。

第2章　保証契約の成立・有効性をめぐるトラブル

Q26 認知症を患った後に保証契約を締結した場合、保証人の責任を負うか、また予防策等はあるか

> 認知症を患っている父が、友人の借金の連帯保証人になってしまいました。父は連帯保証人としての責任を負わなければならないのでしょうか。私が父の代わりに交渉してもよいでしょうか。また、今後同じようなことが起こらないようにするために、何か予防策はありますか。

▶ ▶ ▶ Point
① 意思無能力下での契約であれば、その契約に拘束されません。
② 意思無能力の証明をすることは困難な場合が多いです。
③ 予防策として成年後見制度の利用を検討しましょう。

1 意思能力

　設問では、あなたの父親が行った保証契約の有効性を判断するうえで、人（会社などの法人を含みます）がどのような状態のときに法律行為ができるのかが問題となります。

　すべての法律関係が原則として人（会社などの法人を含みます）の「意思」により形成されるという私的自治の原則から、この「意思」を示すことが法律行為を行ううえでの重要な前提要件と考えられています。この意思表示などの法律上の判断において自分の行為の結果を判断することができる能力を意思能力といいます。

2 意思能力の欠如

　上記のとおり、意思能力は、法律行為を行ううえで必須の能力であること

から、判例および通説上、法律行為を行う際に、意思能力がなければその法律行為の効力は否定されるものと解されていました。しかし、2017年改正前の民法には、これを明言した条文がありませんでした。そこで、2017年の民法改正では、意思表示を行ったときに意思能力がなければその法律行為は無効になると明文化されました（民法3条の2）。

したがって、保証契約を締結する際に、意思能力が欠如していれば、その保証契約は無効となり、保証責任を負うことはありません。そのため、設問のように、認知症が進み自分の意思をはっきり伝えられない状況で連帯保証契約を締結した場合は、自分の行為の結果を判断することは難しいため意思能力の存在が疑わしく、無効となる可能性があります。

もっとも、契約時に意思能力がなかったことを証明しなければならないのは無効を主張する側であるため、その立証に多大な負担を強いられることになります。たとえば、認知症の症状が出たり出なかったりする場合は、注意が必要になります。なぜなら、契約時に意識がははっきりしており、症状が出ていなかったと相手方から主張された場合に、反論する必要が出てくるためです。

したがって、契約時にあなたの父親に意思能力がなかったことを証明することができなければ、連帯保証は無効であるとして保証債務の支払いを拒絶することができなくなってしまいます。

③ 成年後見制度

(1) 誰が交渉するのか

設問で契約者本人は、認知症により交渉等ができる状況にありません。では、誰が連帯保証契約の効力を争うことになるのでしょうか。

法律行為などの効力を争うことができるのは、原則としてその法律行為の当事者だけです。当事者以外が自由に効力を争うことができてしまうと、悪意のある者が介入した場合に勝手に財産を奪われる可能性があるからです。

89

第2章　保証契約の成立・有効性をめぐるトラブル

そのため、たとえ親子であっても、子どもは親の代わりに法律行為の効力を争うことができないのが原則です。しかし、意思能力を欠く方は、自ら自分の財産などを保全することはできず、他者に委ねざるを得ません。そこで、民法は意思能力を欠くような方の財産を家庭裁判所から選任された成年後見人に管理、保全させることとしています。そのため、連帯保証契約の効力についても、成年後見人を選任したうえで、その選任された成年後見人が争うこととなります。

(2)　法律行為の制限

成年後見制度は、本人の代わりに法律行為等を行うこと（法定代理）の裏返しとして、本人の法律行為を制限しています。すなわち、本人および成年後見人は、日常的生活に関するもの以外の法律行為についてすべて取り消すことができるとされています（民法9条）。他方で、契約の相手方としては、いつ取り消されるかわからない契約を結びたいとは思いませんので、事実上本人は法律行為が制限されているといえます。

(3)　成年後見人の公示

成年後見人が選任されているかどうかは、後見登記によって公示され、取引相手もこれを知りうることができるとの建前で運用されています。そのため、契約が取り消されたとしても、成年被後見人（成年後見人によって財産管理されている人）であるかを確認しなかった取引の相手方の落ち度として、契約が取り消されるのです。

④ 設問で成年後見人が選任されていた場合（予防としての成年後見）

設問において成年後見人が選任されていれば、仮に父親が連帯保証人の契約を行ったとしても、成年後見人がその契約を取り消すことで、保証債務の支払いを拒絶することができます（民法9条）。もっとも、これも取消権であることから、通常の取消権と同様に権利を行使できる期限が決まっています。すなわち、成年後見人がその契約について知った時から5年間行使しな

Q26 認知症を患った後に保証契約を締結した場合、保証人の責任を負うか、また予防策等はあるか

ければ、それ以降取り消すことはできなくなります（民法126条）。そのため、成年後見人は、本人が自己に不利益な契約を行ったことを知った際は、すぐさま、内容証明郵便等によって契約の相手方に取消しの意思表示を行うべきであると考えます。

5 今後の対策

　仮に、成年後見人が選任されていなかった場合、上記のとおり、父親の意思能力の不存在を理由に争うこととなります。この場合、大変な労力を使うこととなります。しかし、今後、同じようなことが発生しないとも限りません。そこで、今後の対策としては、父親の財産を保護するために、成年後見開始の申立てを家庭裁判所に行うことをお勧めします。

第2章　保証契約の成立・有効性をめぐるトラブル

━━┤コラム③├━ 請負契約と2017年民法改正 ━━━━━━━━━━━━━━

　請負契約とは、当事者の一方（請負人）がある仕事を完成させることを約束
し、相手方（注文者）がその仕事の結果に対して報酬（請負代金）を与えるこ
とを約束する契約のことをいいます（民法632条）。建物の建築工事の請負契約
が典型的な例です。2017年民法改正における請負契約の主な改正点を紹介しま
す。

1　仕事完成前の請負人の報酬請求権

　請負契約においては、請負人は仕事を完成させるまでは報酬を請求すること
ができないのが原則です。この点について、2017年民法改正では、注文者の責
めに帰することができない事由によって仕事が完成できなくなった場合、また
は、請負が仕事の完成前に解除された場合において、一定の要件のもと、請負
人は、注文者が受ける利益の割合に応じて報酬を請求することができるとされ
ました（民法634条）。

2　請負人の担保責任

　2017年改正前の民法634条や635条では、請負人の担保責任に関する特則が設
けられていました。改正後の民法では、これらの規定は削除され、請負人の担
保責任については、売買に関する規定の準用（民法559条参照）や、解除の一
般原則に委ねられることになりました（売買に関する規定については、コラム
②参照）。

3　注文者の権利の期間制限

　2017年改正前の民法637条は、注文者が請負人に対して担保責任を請求でき
る期間を、「仕事の目的物を引き渡した時（目的物の引渡しを要しない場合に
は仕事が終了した時）から1年以内」と定めていました。この点について、
改正後の民法では、「仕事の目的物を引き渡した時」からではなく、「仕事の目
的物が契約の内容に適合しないことを知った時」から原則として1年以内
に、注文者は契約不適合の事実を請負人に通知しなければならないとされまし
た（民法637条1項）。

92

Q27 保証人になることへの同意後、撤回することはできるか、契約書に署名押印した場合も可能か

Q27 保証人になることへの同意後、撤回することはできるか、契約書に署名押印した場合も可能か

私は、友人に対して、友人が親戚から借入れを行う際の連帯保証人になることに同意しました。しかし、家に帰って家族に相談すると猛反対にあい、私も同意しなければよかったと思うに至りました。このような場合でも、保証を撤回することはできるでしょうか。また、すでに契約書に署名押印した場合でも撤回できるのでしょうか。

▶ ▶ ▶ Point

① 保証契約は意思の合致によって成立します。

② 保証契約はいったん成立すると一方的に撤回できません。

③ 保証契約書に署名する際には十分に考えてから行ってください。

1 契約締結前の保証意思の撤回

あなたの友人と親戚との間の金銭消費貸借契約と、あなたと友人の親戚（以下、「親戚」といいます）との間の連帯保証契約とは別個の契約となります。そのため、仮に友人と親戚との金銭消費貸借契約がすでに成立していたとしても、あなたは必ず連帯保証しなければならないということにはなりません。

設問では、あなたは、友人に対して連帯保証人になることの同意を行ったのみで、親戚との間では何らの契約も行っていません。したがって、いまだあなたと親戚との間に連帯保証契約が成立しておらず、保証意思を撤回し連帯保証人になることをやめることができます。

93

第2章　保証契約の成立・有効性をめぐるトラブル

２　契約の成立時期

　では、いつの時点で連帯保証契約が成立し、撤回できないと考えられるのでしょうか。

　契約が成立するには意思の合致が必要と考えられています。意思が合致するためには、契約を締結する意思が相手方に到達する必要があります。したがって、原則として相手方に契約締結の意思が到達した時点で契約が成立することとなり、これは2017年の民法改正によって明文化されました（民法97条１項）。したがって、あなたの保証契約締結の意思が親戚に到達することで保証契約が締結されることとなります。以下、場合分けをしながら説明します（なお、書面による必要があることについては後述）。

３　設問の場合の保証契約成立時期

　⑴　保証意思の相手方到達前（契約書等作成後、相手方到達前を含む）

　この時点であれば、意思の合致はなく保証契約は成立していませんので自由に保証意思の撤回ができます。

　⑵　保証意思の到達後、契約書作成前

　上記からすれば、この時点ですでに保証契約は成立しているものと考えられます。しかし、保証契約に関し、法律は書面や電磁的記録によって行わなければ効力を生じないとしています（民法446条２項・３項）。したがって、書面等によって契約を行っていないこの時点では要件を満たさないため、保証契約は有効に成立しておらず、あなたは保証意思を撤回することができることになります。

　⑶　保証意思の相手方到達および契約書作成後、相手方到達前

　ここでは、書面の到達前であっても成立要件である書面等によって契約したといえるかが問題となります。

　この問題について法律上明言はされていませんが、「保証契約は、書面で

94

しなければ、その効力を生じない」（民法446条2項）と定めるのみであることから、相手方への到達の有無に関係なく、保証契約の書面が作成されていれば足りるものと考えられます。

したがって、保証意思が相手方に到達した後に、契約書等が作成されてしまえば、たとえ相手方にその書面が渡っていなくとも、保証契約は有効に成立することになります。ゆえに、この場合は、保証意思を撤回することはできないこととなります。

(4) 契約書の相手方到達後

この場合は、契約書の到達によって、保証契約締結の意思が合致しており、書面での契約もなされているため、連帯保証契約が問題なく成立することになります。したがって、保証意思を撤回することはできません。

これは、保証の対象となった友人への融資が実行前であっても変わりません。すでに述べたとおり、友人の契約とあなたの契約は別個の契約であるため、あなたの連帯保証契約が成立してしまえば、原則として保証意思を撤回できなくなるのです。

したがって、この場合、仮にあなたが親戚に友人への融資を取りやめてほしいと申し出たとしても、親戚はその申出に縛られることなく融資を実行し、友人の支払いが滞ればあなたに対して連帯保証債務の履行を求めてくることになります。

なお、親戚が承諾するのであれば連帯保証契約を合意解除することができる場合もありますが、通常は拒絶されるものと考えられます。

4 まとめ

以上のように、一度契約書に署名押印してしまうと相手方に保証意思が到達する前でなければ保証意思を撤回することができません。したがって、連帯保証契約の書面等に署名押印する際は、親しい人に相談するなどよく考えたうえで行うことをお勧めします。

95

第2章　保証契約の成立・有効性をめぐるトラブル

Q28 経営者保証において、公正証書を作成することが必要な保証人にはどのような者がいるか

私は、Ａ株式会社の代表取締役です。当社が銀行から運転資金を借り入れるにあたり、①Ａ社の取締役Ｂ、②Ａ社の株式の70％を保有する私の父Ｃ、③Ａ社に勤務する私の妻Ｄに保証人になってもらいたいと思っていますが、公正証書の作成は必要でしょうか。また、仮に私が個人事業主だとしたら、違いはあるのでしょうか。

▶ ▶ ▶ Point
① 事業性主債務の保証は、事前に公正証書で意思確認が必要です。
② 一定の類型の者は例外的に公正証書の作成が不要ですが、主債務者の配偶者については慎重な取扱いが必要です。

1 規定が新設された趣旨

2017年の民法改正では、一定の場合には、保証契約の締結に先立ち、保証契約締結の日の前1カ月以内に作成された公正証書で、保証人になろうとする者が保証債務を履行する意思を表示していなければ、保証契約の効力は生じないとされました（民法465条の6）。

これは、保証人となる者が、主債務者との関係から断り切れずに保証人となり、後に保証人として過大な責任を負うという事態がしばしば生じていたことから、保証人になるかどうかの判断を慎重にさせる趣旨によるものです（公正証書作成の手続についてはＱ29を参照）。

2 主債務についての要件

民法465条の6では、「事業のために負担した貸金等債務を主債務とする保

証契約」、「主債務の範囲に事業のために負担する貸金等債務が含まれる根保証契約」について、公正証書の作成が必要とされています。

(1) 「事業のために」とは

「事業のために」負担するものですので、住宅ローンは、取得する不動産を賃貸する場合を除き、原則として該当しません。学資ローンのように事業以外に用いられることが明らかな場合に、主債務者が事業に流用するつもりであったとしても、公正証書の作成が必要な場合にはあたりません（第88回部会議事録50頁（脇村真治関係官）（部会資料集第3集第5巻167頁））。なお、「事業」とは、一定の目的をもってされる同種の行為の反復継続的遂行を意味し、営利性は要求されませんので、個人が資産運用のためアパートを建てる際のアパートローンを相続人となる方が保証する場合も該当すると解されます（「債権法改正と金融実務への影響」金法2004号21頁〔山野目章夫発言〕）。

(2) 根保証契約の場合

根保証契約の場合には、「事業のために負担する貸金等債務」が主債務の範囲に含まれる可能性があるならば、公正証書の作成が必要になると解されます。たとえば、個人事業主の方が使用目的を問わないカードローンの借入れをする際の保証人であれば、カードローンによる借入金が事業に用いられる可能性は否定できませんので、公正証書の作成が必要な場合にあたることになります（部会資料78A20頁（部会資料集第3集第5巻477頁））。

ただし、カードローンの申込みの際に、事業以外の使途に明確に限定されていた場合には、事業のために負担するものとはいえないと考えられますが、契約上申込時の使途以外への流用を認めないような場合でない限り、債権者としては公正証書を作成しておくべきものと思われます。

また、「貸金等債務」の保証やこれを含む根保証に限られますので、ファイナンスリースのリース料の保証、継続的売買の売買代金の保証、賃貸借契約の賃料の保証、老人ホームの入所契約に伴う保証などは対象になりません。

第2章　保証契約の成立・有効性をめぐるトラブル

③　公正証書の作成が不要とされる保証人

まず、保証人が法人である場合には、公正証書の作成は必要ありません（民法465条の6第3項）。ですので、A社が他の会社の債務を保証する場合には、公正証書を作成する必要はありません。

また、保証人が個人である場合でも、次に説明する場合には公正証書を作成する必要はないものとされました（民法465条の9）。

⑴　主債務者が法人である場合の理事、取締役、執行役またはこれらに準ずる者

このような者は、主債務者である法人の意思決定に関与することができ、法人の財務状況に関する情報に接する機会があることから、例外とされました。そのため、取締役ではない執行役員、営業部長などは該当しません。公正証書の作成が必要かどうかを明確に判断できるようにするため「取締役」等という形式的な基準によることになりました。そのため、取締役としての業務を行っていない名目的な取締役であっても、公正証書の作成は不要です。設問のBについては、A社の取締役ということですので、公正証書の作成は不要ということになります。

⑵　主債務者が法人である場合の総株主の議決権の過半数を有する者

総株主の議決権の過半数を有する者は、法人の経営権を有しているといえますので、このような者についても例外とされました。

設問のCは、A社の70％の株式を有するということですので、総株主の議決権の過半数を有する者として、公正証書の作成は不要となります。

なお、主債務者をA社、他の株式会社をE社、E社の総株主の議決権の過半数を有する者をFとしますと、E社がA社の総株主の議決権の過半数を有している場合や、E社とFとでA社の総株主の議決権の過半数を有することになる場合も、Fについては公正証書の作成は不要となります。

⑶　個人事業主である主債務者の共同事業者

98

Q28　経営者保証において、公正証書を作成することが必要な保証人にはどのような者がいるか

　「共同して事業を行う者」（共同事業者）とは、組合についての民法667条における「共同の事業」と同様に、業務執行の権限や代表権限、業務執行に対する監督権限など、①事業の遂行に関与する権利を有するとともに、②その事業について利害関係を有することが必要であると説明されています（部会資料78Ａ20頁（部会資料集第3集第5巻477頁））。

　上記(1)(2)とは異なり、個別的な判断が必要となりますので、債権者や保証を委託する主債務者としては、後に保証契約の効力が否定されることのないよう、公正証書を作成しておく必要があると思われます。

(4)　主債務者である個人事業主が行う事業に現に従事している配偶者

　ここでは、主債務者が個人事業主であることが前提となりますので、設問のDは該当しません。したがって、DがA社の取締役や議決権の過半数を有する株主でないのであれば、公正証書の作成が必要です。

　そもそも、主債務者が個人事業主である場合の配偶者は、保証人となることを最も断りにくい立場であり、最も保護を必要とする類型といえます。そのため、保証人の保護を図るという2017年民法改正の趣旨からして、このような例外規定を設けることには強い反対意見がありました。最終的に、個人事業主の場合は家計と経営が未分離であることがしばしばみられることや、個人事業主への融資に際して配偶者の保証が用いられている現状などから、政策的な判断としてこのような規定が置かれることとなりました。

　しかし、上記のように個人事業主の配偶者は本来最も保護が必要な類型ですから、「主債務者の事業に現に従事する」という要件は限定的に解釈されるべきです。上記(1)から(3)の例外はいずれも主債務者の経営に関与することが可能な者ですので、事業に従事している配偶者でも、事業の経営面に関与していない場合はこの例外に該当しないと解すべきでしょう。

　債権者となる金融機関等においても、配偶者の仕事の内容、事業への関与の程度などを十分に考慮して、配偶者を保証人とせざるを得ない場合であっても、公正証書の作成を経て慎重に判断させることが望まれます。

第2章 保証契約の成立・有効性をめぐるトラブル

コラム④ 金融庁監督指針

金融庁は、「中小・地域金融機関向けの総合的な監督指針」（以下、「監督指針」といいます）を作成し、金融監督行政の指針を定めています。これは、法律ではないため法的拘束力こそありませんが、各金融機関の努力義務、努力目標としての指針となり、金融庁の指導の指針にもなりますので、事実上の拘束力があるものといえます。

この監督指針では、顧客への重要事項の説明の際に気をつけるポイントや健全な融資慣行と担保保証に基づかない融資の促進などの保証契約を締結する際の指針を定めています。

金融機関の説明によって保証人の債務負担意思ないし責任負担需要意思に瑕疵が生じた場合は、錯誤を主張する余地があります。この時、錯誤の有無の判断指針となるのが、この監督指針です。監督指針に基づいて適正に保証人に対する説明がなされていれば、上記意思に瑕疵の余地はないこととなります。翻って、監督指針に基づいていない対応が保証人に対してなされていた場合は、責任負担需要意思に瑕疵があるものと推認されるものと考えられます。そのため、責任負担需要意思の瑕疵が生じない説明等を行ったことの立証が金融機関側でなされなければ、錯誤として保証契約そのものが取消し（2017年改正前の民法では「無効」）になるものと考えられます。

なお、監督指針では、保証債務の契約および履行の段階で経営者保証ガイドラインに基づき処理するように指導しており、経営者保証ガイドラインの実効性を高めています（詳細についてはコラム⑤参照）。

また、金融庁からは、貸金業者や信用保証協会向けの監督指針も策定されています。

100

Q29 経営者保証において、保証人に求められる公正証書作成の具体的手続はどうなっているか

2017年の民法改正により、貸金等債務の保証人については事前に公正証書により保証意思を確認する必要があるということですが、その具体的な手続について教えてください。また、公正証書を作成すると、裁判を経ないで強制執行を行うことのできる執行証書になってしまうことが心配なのですが、この点についても教えてください。

▶ ▷ ▷ Point
① 保証人となろうとする者が、公証人に対し、主債務の内容や保証人の責任について口授する必要があります。
② 公正証書は、保証契約に先立って作成されなければなりません。
③ この公正証書と同時に執行認諾文言付きの保証契約書が作成されることのないよう、適切に運用されなければなりません。

1 はじめに

2017年の民法改正では、「事業のために負担した貸金等債務を主たる債務とする保証契約」および「主たる債務の範囲に事業のために負担する貸金等債務が含まれる根保証契約」について、保証人が個人である場合、契約締結に先立ち、その締結の日前1カ月以内に作成された公正証書で保証債務を履行する意思を表示していなければ、保証契約の効力は生じないこととされました（民法465条の6）。

以下では、公正証書作成の方式について説明します。

101

第2章　保証契約の成立・有効性をめぐるトラブル

② 公証人への「口授」

　まず、保証人となろうとする者が、公証人に対し、保証契約の内容と保証人が負う責任を理解したうえで保証することを口授する必要があります。

　具体的な内容は、主債務の債権者および債務者、主債務の元本、利息、違約金、損害賠償その他その債務に従たるすべてのもの等の定めの有無およびその内容、そして、主債務者が履行しないときにはその債務の全額について履行する意思があること（連帯保証の場合は連帯保証の意味も踏まえた内容）です（民法465条の6第2項1号イ）。また、保証が根保証である場合には、主債務の範囲、極度額、元本確定期日の有無・内容など、根保証にあわせた内容を口授する必要があります（同号ロ。口授事項についてはQ35も参照）。なお、保証自体は信用保証協会や保証会社に委託した場合に、その求償権について保証人が付されることがありますが、このような場合も、主債務が事業のために負担する貸金等債務である場合には、求償権の保証について同様の規律が及びます（民法465条の8。求償権についてはQ47以下を参照）。

　「口授」とあることから、保証人となろうとする者が公証人の面前で自ら行う必要があり、代理人によることは許されないと解されます。

　利息について、「貸出実行日の利率による」などと定められていることがありますが、このような場合には、想定される最大値で口授をしておけばよいと説明されています（第95回部会議事録20頁（筒井健夫幹事））。また、主債務の利息の変動が予定されている場合には、変動制の内容を保証人となろうとする者が理解して口授することが必要であると説明されています（第96回部会議事録22頁（筒井健夫幹事））。

③ 読み聞かせ、閲覧と署名押印

　保証人となろうとする者からの口授を受けた公証人は、その口述内容を筆記し、筆記した内容を保証人となろうとする者に読み聞かせるか、閲覧させ

102

Q29　経営者保証において、保証人に求められる公正証書作成の具体的手続はどうなっているか

る必要があります。これは、保証人となろうとする者に口授をさせたうえ
で、その内容を再度公証人から確認させることで、保証人となろうとする者
の意思決定をさらに慎重にさせる趣旨であると思われます。

　その後、保証人となろうとする者が、公証人による筆記が正確なものであ
ることを承認した後、署名押印する必要があります。最後に、公証人が、そ
の公正証書が民法所定の方式に従ってつくったものである旨を付記して、署
名押印します。

　手続としては公正証書遺言の作成手続（民法969条）に類似していますが、
立会証人を求められていない点で異なります。

　なお、口が利けない者や耳が聞こえない者が保証人になる場合について
は、公正証書遺言の場合に準ずる手続が定められています（民法465条の7）。

４　公正証書の作成時期

　この公正証書は、契約の締結に先立ち作成される必要がありますので、保
証契約の締結後に作成した場合には、保証契約は無効となり、あらためて手
続を踏む必要があります。

　主債務の成立時期との関係は特に定められておりませんので、すでに成立
している主債務について、この公正証書を作成したうえで保証契約を締結す
ることは可能です。

５　執行証書との関係

(1)　執行証書とは

　執行証書とは、「金銭の一定の額の支払……を目的とする請求について公
証人が作成した公正証書」であって、「債務者が直ちに強制執行に服する旨
の陳述が記載されているもの」（執行認諾文言）をいいます（民事執行法22条
5号）。執行証書が作成されている場合、裁判を経なくとも、執行証書を債
務名義として強制執行をすることができます。保証契約の場合、保証契約を

103

第2章　保証契約の成立・有効性をめぐるトラブル

締結する書面を公正証書で作成し、執行認諾文言が記載されている場合には、その公正証書が執行証書となります。

(2) 保証人になろうとする者が作成する公正証書は執行証書となるか

これに対し、保証人になろうとする者が作成する公正証書は、その者の保証債務を履行する意思が記載されているのみであり、そもそも保証契約の締結に先立って作成されるものですから、この公正証書が作成されただけでは保証契約は締結されていません。したがって、「金銭の一定の額の支払……を目的とする請求」について作成されたものとはいえず、この公正証書が執行証書になることはありません。

(3) 引き続いて執行証書となる公正証書を作成することは許されるか

しかし、「契約の締結に先立ち」作成されればよいのですから、この公正証書を作成したうえで、その場で引き続いて公正証書で保証契約を締結すれば、執行証書とすることが可能です。

このような運用を認めてしまうと、保証人の保護を図ろうとする2017年民法改正の趣旨が没却され、かえって保証人に対する責任追及を容易にしてしまうことになります。債権者側はもちろん、公証人にもこのような運用は許さないという姿勢で、公正証書の作成に臨むことが求められます。衆参両院の法務委員会における附帯決議でも、この公正証書に執行認諾文言を付し、執行証書とすることはできないことについて、公証人に対し十分に注意するよう周知徹底するよう努めることにつき留意しなければならないとされています。

また、解釈として、この公正証書は保証人となろうとする者の判断の慎重を期すために、保証契約の締結前に作成するものですので、作成後に翻意することも当然に予定されているというべきであり、同日に直ちに執行証書となる公正証書により保証契約を締結した場合、その保証契約は無効である、との解釈も成り立ちうるように思われます。

104

6 保証意思の撤回

一度、この公正証書を作成したとしても、保証契約を締結するまでは、自由に撤回することが可能です。撤回の方式については特に定められていませんので、書面でも口頭でもよいということになります。意思表示を撤回したことが明確になるよう、債権者と主債務者あての内容証明郵便によるべきです。

7 公正証書作成後の意思表示の瑕疵

なお、この公正証書により保証意思が確認された場合には、保証意思の存在が明確であるとして、錯誤等の意思表示の瑕疵は問題とならないのでしょうか。

債権者の相違や主債務者の相違といった公証人への口授事項については、公正証書作成手続の中で保証意思が確認されているため、そもそも錯誤が生じないものと思われます。仮に、公正証書作成後に債権者や主債務者が異なることとなった場合には、公正証書による保証意思の確認の効力が及ばず、保証契約自体が無効になると考えられます。

これに対し、公証人への口授事項ではない、主債務者の資力や他の保証人の存在等の錯誤や（これらについては、保証契約締結時の情報提供義務違反による取消し（民法465条の10）も問題となります（Q31を参照））、詐欺、強迫については、この公正証書が作成されたとしても、なお意思表示の瑕疵が問題になりうると考えられます。

第2章 保証契約の成立・有効性をめぐるトラブル

コラム⑤ 経営者保証ガイドライン

　経営者保証に関するガイドライン（本コラムでは、以下、「GL」といいます）とは、全国銀行協会と日本商工会議所とが共同事務局として設置した「経営者保証に関するガイドライン研究会」（以下、「研究会」といいます）が2013年12月5日に策定した、保証に関する指針を書面化したものです。このGLは、2014年2月1日から適用されています。

　GLは、経営者保証に依存しない融資の一層の促進のために、個人と法人の財布が混同している中小企業の経営実態の改善や経営者保証の機能を代替する融資手法のメニューの充実を図る努力を金融機関に求めています。また、経営者保証を行う場合であっても、金融機関による丁寧かつ具体的な説明と適切な保証金額の設定が求められています。

　他方で、保証債務の履行が問題となる場面においては、支払いの一時停止等の要請を認め、特定調停等の準則型私的整理手続を経たうえで一定の範囲での残余財産を認めるなど、保証人に無理な形での保証債務の履行請求を行わないように求めています。

　GLは、民間機関が策定したものであるため、法的拘束力はありません。しかし、全国のほとんどの銀行が加盟している全国銀行協会が設置した研究会であることから、銀行業務を行ううえでの指針となりますし、研究会には、金融庁などの国の機関がオブザーバーとして参加していたことから、金融庁の指導の指針となるものと思われます。そのため、GLは、金融機関に対して事実上の強制力を有しているものといえます。また、裁判官が判断を行ううえで一定の指針とするものと考えられますので、法的拘束力に準じた効力を有しているものといえます。

106

第3章

信用情報をめぐる
トラブル

第3章 信用情報をめぐるトラブル

Q30 保証人は主債務者が期限の利益を喪失したことを知ることができるか

私は、友人が経営するＡ社の債務の保証人になりました。Ａ社が期限の利益を喪失したことがわからないまま、遅延損害金が積み重なると困るのですが、何か法律上手当てはされていないのでしょうか。

▶ ▶ ▶ Point

① 主債務者が期限の利益を喪失したときには、債権者から個人保証人に通知をしなければなりません。

② 債権者の属性や主債務の性質は問いません。

③ 保証人は、通知がない限り主債務者が期限の利益を喪失した後の遅延損害金の請求を拒絶できます。

1 個人保証人への主債務者の期限の利益喪失の通知義務

2017年の民法改正では、保証人が個人である場合に、主たる債務者が期限の利益を喪失したときは、債権者は保証人にその旨の通知をしなければならないという定めが置かれました（民法458条の３）。

これまでは、主たる債務者が期限の利益を喪失した場合に、債権者が保証人にそのことを通知しなければならないという義務はありませんでした。もっとも、それでは、主たる債務者と債権者が交渉などしている間に、保証人に対する請求が遅れた場合に、遅延損害金が積み重なってしまい、保証人に重い負担を与えることになるため、このような定めが設けられたものです。

通知の対象となるのは、個人である保証人です。主たる債務者の委託を受けたかどうかは問われませんが、法人である保証人は対象とはなりません。

108

2 債権者・主債務の属性

債権者の属性は問いませんので、債権者が金融機関ではなく、事業会社や個人である場合も含まれます。また、主たる債務の性質も問いませんので、貸金債務だけではなく、売掛金債務なども含みます。

3 債権者が通知を行わなければならない場合

民法458条の3の通知は、保証人からの請求に対して行うものではなく、主たる債務者が期限の利益を喪失した場合には、債権者が期限の利益の喪失を知った時から2カ月以内に必ず行わなければなりません。

主たる債務者が期限の利益を喪失した日からではなく、債権者が期限の利益の喪失を知った時からとされたのは、銀行取引約定書などにみられるように、一定の事由が生じた場合には通知等を要せず当然に期限の利益を喪失するとの定めが置かれていることがあり、そのような場合には必ずしも債権者が期限の利益の喪失をその日に把握できるとは限らないので、期限の利益の喪失の日を起算点とすることは債権者にとって酷であると考えられたからです（部会資料78A24頁（部会資料集第3集第5巻481頁））。

4 債権者から個人保証人に通知がされなかった場合の効果

通知義務に違反して、保証人に対して期限の利益の喪失を通知しなかった場合には、債権者は、主たる債務者が期限の利益を喪失した時から実際に通知をするまでに生じた遅延損害金（期限の利益を喪失しなかったとしても生ずべきものを除く）についての保証債務の履行を請求できないとされました（民法458条の3第2項）。

本条で請求できないとされているのは、期限の利益を喪失した時から通知をするまでの遅延損害金のみですので、その他の遅延損害金はもちろん、元本や利息についても保証債務の履行を請求することは妨げられません。主た

第3章 信用情報をめぐるトラブル

る債務者が期限の利益を喪失している以上、保証人についても、一括での請求となることに注意が必要です。

なお、本条は、保証人保護のために設けられたものですので、強行規定と解すべきです。したがって、これを債権者と保証人との特約で排除することはできず、債権者は、保証人に対し主たる債務者が期限の利益を喪失した旨を通知しない限り、本条の定めにより遅延損害金についての保証債務の履行を請求できないと考えられます。

Q31 保証人となろうとする場合に主債務者の信用情報を知ることができるか

Q31 保証人となろうとする場合に主債務者の信用情報を知ることができるか

第三者に保証人となるように頼む場合、一定の情報提供をしないと保証契約が取り消されるという規定が2017年の民法改正で新設されたと聞きました。その規定はどのような場合に適用されますか。

▶ ▶ ▶ Point
① 事業性の主債務の保証を個人に委託する場合に情報提供が必要です。
② 提供すべき情報は、財産・収支の状況、他の債務・担保の内容等です。
③ 義務違反を債権者が知り得た場合、保証契約を取り消すことができます。

1 信用情報についての情報提供義務の規定が新設された趣旨

2017年の民法改正では、主債務者が事業のために負担する債務を主債務とする保証、または、主債務の範囲に事業のために負担する債務が含まれる根保証の委託をするときは、委託を受けて保証人となろうとする者に対し、定められた情報を提供しなければならず、一定の場合には、保証契約を取り消すことができる旨の定めが置かれました（民法465条の10）。

このような条項が置かれることとなった趣旨は、保証人が主債務者との間の人間関係から、主債務者の資力や負債の状況などの情報を十分に把握せずに保証契約を締結してしまい、結果的に主債務者が返済できなくなり、保証人が過大な責任を負うことになる事態を防ごうというものです。

2 情報提供義務の要件

主債務者から保証人になろうとする者への情報提供が必要とされるのは、

111

第3章　信用情報をめぐるトラブル

①主債務者が事業のために負担する債務を主債務とする保証、または、②主債務の範囲に事業のために負担する債務が含まれる根保証について、保証の委託をしようとする場合です（民法465条の10第1項）。

公正証書作成が必要な場合（詳細はQ28を参照）と比較すると、主債務が「事業のために負担する」ものであることは同じですが、「貸金等債務」には限定されていません。そのため、ファイナンスリースのリース料の保証、継続的売買の売買代金の保証、賃貸借契約の賃料の保証なども主債務が事業のために負担するものであれば対象となります。

主債務者が保証の委託をする場合ですので、保証人となろうとする者が主債務者の委託を受けずに債権者に保証人となることを申し出た場合や、債権者側で保証人を連れてきたような場合には情報提供義務はありません。また、保証人となろうとする者が法人である場合にも情報提供義務はありません（民法465条の10第3項）。なお、保証人となろうとする者が法人である主債務者の取締役であるなど、公正証書の作成が不要とされる場合（詳細はQ28を参照）であっても、情報提供義務は認められます。

③　提供される情報の内容

主債務者から提供すべき情報は、①財産および収支の状況、②主債務以外に負担している債務の有無並びにその額および履行状況、③主債務の担保としてほかに提供し、または提供しようとするものがあるときは、その旨およびその内容です（民法465条の10第2項）。

これらの事項は、主債務者または他の担保から主債務が履行されるかどうか、つまり、保証人が保証債務の履行を求められるかどうかを予測するために不可欠な事項といえます。そのため、上記②については、誰からどれだけ借りているという詳細まで説明する必要はなく、全体として負債がいくらあるのかを説明すれば足りると説明されています（第86回部会議事録23頁（笹井朋昭関係官）（部会資料集第3集第5巻28頁））。また、主債務者が決算書を開

112

示して説明をすることで、その決算書が適切に作成されたものであれば、上記①②が同時に説明されたことになると考えられます（中村弘明「保証債務（その２）」債権法研究会編『詳説 改正債権法』（きんざい、2017年）198頁）。

なお、主債務は必ずしも特定の事業のために借り入れる場合に限られず、事業全般の運転資金として借り入れられることもあることから、事業の内容についての情報提供義務は盛り込まれませんでした。

4 情報提供義務違反による取消しの要件

主債務者が上記3で説明した事項について情報を提供せず、または事実と異なる情報を提供したために、委託を受けた者がその事項について誤認し、それによって保証契約の締結に至った場合には、債権者が主債務者による情報提供義務違反を知っていたか知ることができたときは、保証人は、保証契約を取り消すことができます（民法465条の10第２項）。

保証契約は、債権者と保証人との間の契約ですが、情報提供は主債務者と委託を受けて保証人となろうとする者との間でなされることや、債権者が必ずしも主債務者の資力について十分な情報を有しているとは限らないことから、説明義務自体は主債務者が負っています。そのため、単に情報提供義務違反があったというだけで保証契約を取り消すことができるとすると、債権者のあずかり知らない事情によって保証という人的担保を失うことになるので、第三者詐欺（民法96条２項）の場合と同様に、債権者に情報提供義務違反についての悪意または過失が認められることが保証契約取消しの要件とされています。なお、条文の構造上は、保証契約の取消しを主張する保証人の側で債権者の悪意または過失を主張立証する必要があると解されます。

また、「それによって」という条文の文言から、主債務者の情報提供義務違反による保証人の誤認と保証契約締結との間に因果関係が必要です。これは、保証をするかしないかの意思決定に影響しない些細な情報提供義務違反にまで取消しの主張を認める必要はないという趣旨によるものです。

第3章 信用情報をめぐるトラブル

この規定は、債権者に対し、保証人となろうとする者に主債務者から適切に情報提供がされたかどうかの調査・確認義務を課すものではないと説明されています（第86回部会議事録23頁（笹井関係官）（部会資料集第3集第5巻28頁））。実務上は、財産および収支の内容について債務者から正確に説明を受けた旨の書面を保証人から債権者に提出させることになるものと思われます。債権者が、このような書面の提出を受けただけで、債務者から説明を受けた内容を保証人に確認せず、実際は情報提供がなされていなかった場合でも、直ちに過失ありとなるわけではないものの、債権者と主債務者との間で継続的な取引関係があって、説明を受けたとする内容が明らかに虚偽であると普通であればわかるような場面では、上記の書面の提出を受けていたからといって直ちに無過失とはいえないと説明されています（第86回部会議事録23頁（笹井関係官）（部会資料集第3集第5巻28頁））。また、債権者が把握していた事実と異なる説明がされていたことを債権者が知ったにもかかわらず融資を実行した場合には、取消しの対象となるように思われます。

なお、この規定は、主債務者が情報提供義務に違反した場合について定めるものです。債権者の誤った説明によって保証人となろうとする者が資力を誤認して契約を締結した場合、主債務者の資力についての錯誤（詳細はQ18を参照）として、保証契約の取消しが認められる余地もあると思われます。

5 情報提供義務違反があった場合の主債務者と保証人との関係

民法465条の10第2項は、主債務者に情報提供義務違反があった場合の債権者と保証人との間の保証契約の取消しについて定めるもので、主債務者と委託を受けた保証人との間の関係についての規定は置かれていません。

しかし、これまで、信義則に基づく契約締結過程における情報提供義務についての裁判例が積み重ねられています（最判平成23年4月22日民集65巻3号1405頁など）。これらと同様に、主債務者の情報提供義務違反についても、損害賠償請求が認められるケースもありうると思われます。

114

Q32　保証人は主債務の履行状況を知ることができるか

Q32　保証人は主債務の履行状況を知ることができるか

　　私は、小売店を営む長年の友人Aに頼まれ、公証役場で手続をした
うえで、AのB銀行からの借入れの保証人になりました。Aの店は、
私が保証人になった当時ははやっていたのですが、最近客足が鈍って
いるようです。Aは、「B銀行にはきちんと返してるから」と言うので
すが、本当に返しているのか知ることはできないのでしょうか。

▶ ▶ ▶ Point
① 　主債務者の委託を受けた保証人は、債権者に対し、主債務の不履行の有
　無や残額等を説明するよう求めることができます。
② 　債権者が説明しない場合、損害賠償請求や保証契約の解除をできる可能
　性があります。

1　規定が新設された趣旨

　2017年の民法改正では、保証人が主債務者の委託を受けて保証をした場
合、保証人は、債権者に対し、主債務の履行状況に関する情報を提供するよ
う請求することができるようになりました（民法458条の2）。

　これまでは、このような規定がなかったために、保証人が知らないところ
で主債務者が返済を怠り、期限の利益を喪失した結果、突如として保証人が
多額の残債務の一括請求を受ける、という事態がしばしば生じていました。
そのため、保証人が返済状況を知ることができるようにする必要があったの
ですが、金融機関など債権者の立場からは、主債務者から勝手に自分の信用
情報を開示した、などと責められてトラブルになるおそれがありました。そ
こで、このような規定を設けることで、保証人に必要な情報が開示されると

115

第3章 信用情報をめぐるトラブル

ともに、金融機関が守秘義務違反に問われることのないようにしたものです。

② 情報提供を受けるための要件

対象となる保証人は「主債務者の委託を受けて保証をした」保証人です。ここでは、保証人は個人であるか法人であるかを問いません。設問の場合に、あなたが経営する会社がAの保証人になった、という場合でも、請求をして履行状況に関する情報の提供を受けることができます。主債務者の委託を受けたことが必要とされているのは、提供の対象となる履行状況に関する情報というのは主債務者の信用情報にあたりますので、委託を受けていない場合にまで情報の提供を受ける権利を与えることは相当でないと考えられたからです。

また、債権者の属性は問いませんので、債権者が金融機関ではなく貸金業者、事業会社や個人であっても適用されます。債権の属性も問いませんので、事業のための貸金債権に限らず、学資ローンなどの事業性のないものも含まれますし、貸金債権ではなく売買代金などの場合でも本条が適用されます。このように、2017年の民法改正で導入された保証人保護に関する規定の中で、最も適用範囲が広い条文です。

情報の提供を請求する際の方法は、法律上は特に定められておりませんので、書面でも口頭でもよいということになります。ただし、金融機関では個別の書式を用意すると思われますので、問い合わせてみるとよいでしょう。

③ 情報提供の内容

提供の対象となる情報は、「主債務の元本及び主債務に関する利息、違約金、損害賠償その他その債務に従たる全てのものについての不履行の有無並びにこれらの残額及びそのうち弁済期が到来しているものの額」です。したがって、単に支払いの遅れがあるかないかだけではなく、残債務の額につい

116

ても情報提供を受けることができます。

4 情報提供義務違反の効果

　民法458条の２に違反して、債権者が保証人の請求に対して情報を提供しなかった場合の効果については、特に定められていません。しかし、債務不履行に基づく各種の制度を排除するものではありませんので、違反の結果、保証人が損害を被った場合には、債権者に対する損害賠償請求（民法415条）が可能でしょうし、場合によっては、債権者との保証契約の解除（民法541条）も考えられます。

　なお、民法458条の２は、保証人保護のために設けられたものですので、強行規定と解すべきです。したがって、これを債権者と保証人との特約で排除することはできず、仮にそのような特約が設けられていても、保証人から情報提供の請求を受けた債権者は、情報の提供を拒むことはできないと解されます。

第4章

主債務の範囲をめぐるトラブル（根保証含む）

第4章　主債務の範囲をめぐるトラブル（根保証含む）

Q33　根保証とは何か

根保証契約とはどのような契約なのか、2017年の民法改正の内容
も含めて教えてください。

▶ ▶ ▶ Point

① 根保証とは、一定の範囲に属する不特定の債務を主債務とする保証で
す。

② 2017年の民法改正では、2004年の民法改正で導入された規律の一
部が、個人根保証契約一般に拡大されました。

③ 2017年の民法改正の施行日後に締結されたものに新たな規定が適用
されます。

1　はじめに

　根保証契約とは、「一定の範囲に属する不特定の債務を主たる債務とする
保証契約」のことです（民法465条の２第１項）。具体的には、クレジット
カード利用契約に基づく債務についての保証、継続的な売買契約に基づく売
買代金債務の保証（詳細はQ36を参照）、アパートの賃貸借契約に基づく賃料
などの賃借人の債務についての保証（詳細はQ37を参照）、いわゆる身元保証
（詳細はQ８・Q39を参照）などが該当します。不特定の債務を保証する点
で、特定の債務を保証する通常の保証契約とは異なります。

　根保証のうち、民法では、保証人が個人である場合（個人根保証契約）に
ついて主に規律しています（民法465条の２～465条の４）。これは、以下にみ
るように、中小企業の借入れに対する保証人（経営者やその家族、親族、知人
など）が代表的な例ですが、従前、根保証契約の個人保証人が予想外に過大

120

Q33　根保証とは何か

な請求をされるという過酷な状況に置かれてきたことから、その保護を図る必要があると考えられてきたことによるものです。

　また、個人根保証契約の中でも、主債務の範囲に貸金等債務を含む個人貸金等根保証契約とそれ以外の個人根保証契約とで規律が異なる部分があります。

　なお、保証会社が保証人となり、保証会社の主債務者に対する求償権に個人の保証人が付される場合のように、保証人が法人である根保証契約の求償権についての保証契約については、求償権という特定の債権を保証するものであるため、個人根保証契約には該当しませんが、求償権の保証人を保護する必要性は個人根保証契約の場合と同じですので、保証人が個人である根保証契約と同様の規律が及びます（民法465条の5）。

　以下では、個人根保証契約について説明します。

２　2004年民法改正前の状況と改正内容

　2004年の民法改正により、保証人が個人であって、主債務の範囲に金銭の貸渡しまたは手形の割引を受けることによって負担する債務（貸金等債務）が含まれる貸金等根保証契約についての規定が設けられるまでは、民法では根保証についての明文の規定は存在しませんでした。

　そのため、解釈によって、①保証後相当期間を経過したときの通常解約権、②債務者の資産状態の悪化など保証契約締結時に予想しなかった特別の事情があるときの特別解約権が認められていました。また、保証責任の範囲についても、保証限度が定められていなくても、信義則に従い、合理的な範囲に制限されるものと考えられてきました。

　しかし、これらの解釈は、明文の規定によるものではなく、個別の事案ごとの判断であったため、必ずしも保証人の保護として十分ではない面があり、債権者、特に金融機関の立場からしても、判断が不透明で円滑な金融の阻害を招くという面がありました。

121

そこで、2004年の民法改正では、上記の貸金等根保証契約について、以下にみる極度額、元本確定期日、元本確定事由の規定が設けられました。適用対象が貸金等根保証契約に限定されたのは、根保証契約一般を適用対象とすると、各種の取引への影響の有無などを把握しつつ改正の検討作業を進めるのに相当の時間を要することが見込まれたため、早急に措置を講じる必要が指摘されていた貸金等根保証契約に対象を絞り込んだためです。ただし、2004年の民法改正においては、衆参両院の法務委員会において、貸金等根保証契約以外の根保証契約についても保証人を保護する措置を検討することを求める旨の附帯決議がなされていました。

これらの経緯を踏まえ、2017年の改正において、個人根保証契約の保護の拡大が図られました。

③ 極度額

根保証契約の保証人は、極度額の限度で責任を負いますが、極度額の定めのない個人根保証契約は無効です（民法465条の２第２項）。また、極度額の定めは書面でされなければその効力が生じません（同条３項）。そのため、口頭で極度額を定めたというだけでは極度額の定めがないものとして扱われますので、やはり個人根保証契約は無効となります。

根保証契約は、不特定の債務を保証するものであることから、保証人になってから長期間が経過した後に、思わぬ多額の請求を受けるという過酷な事態に陥ることがありました。そこで、保証責任の限界となる極度額を定めることで、保証人となろうとする者が自己の責任の範囲を理解し、保証人となるかどうかの判断を慎重にさせることにしたものです。このような趣旨から、極度額の定めのない根保証契約（包括根保証契約）は無効とされました。

2017年の改正前は、2004年民法改正において、貸金等根保証契約（民法465条の３の「個人貸金等根保証契約」と同義）についてのみ、極度額の定めがなければ無効とされていましたが、2017年の改正により、継続的な売買契約

に係る代金債務や不動産賃貸借に係る賃借人の債務などを主たる債務とする根保証契約を含む、個人根保証契約一般に極度額についての規制が及ぶことになりました（詳細は Q34参照）。

4 元本確定期日

個人根保証契約のうち、主債務に金銭の貸渡しまたは手形の割引を受けることによって負担する債務（貸金等債務）を含む「個人貸金等根保証契約」については、元本確定期日についての規定が置かれています。

根保証は、一定の範囲に属する不特定の債務を保証するものですが、主債務者の借入れが続く限り保証責任を負うとなると、主債務者の資力や保証人自身の状況が保証契約締結時から大きく変化していることもあり得ます。

そこで、民法では、主債務の元本を確定する期日を定めなければならないとされています（民法465条の3）。元本が確定すると、以後、保証人は確定した元本とこれに対する利息、損害金等についてのみ保証責任を負い、その後に発生した主債務については保証責任を負わないことになります。

上記の趣旨から、保証責任の及ぶ期間があまりにも長期間になることは好ましくないため、元本確定期日は保証契約締結の日から5年以内でなければならないとされ（民法465条の3第1項）、元本確定期日の定めがない場合や、5年よりも長い期間を定めた場合は保証契約締結の日から3年を経過した日となります（同条2項）。元本確定期日は変更することも可能ですが、変更についても、原則として変更の日から5年以内でなければならないとされています（同条3項）。なお、元本確定期日の定めも書面でされなければその効力は生じません（同条4項）。

元本確定期日についての規定は、2017年の改正において個人根保証契約一般には拡大されませんでした（詳細は Q34参照）。

123

第4章　主債務の範囲をめぐるトラブル（根保証含む）

5　元本確定事由

元本確定事由についても、個人貸金等根保証契約とそれ以外の個人根保証契約とで扱いが異なります。

個人貸金等根保証契約においては、2004年の民法改正における定めと同様に、①債権者が、主債務者または保証人の財産について、金銭の支払いを目的とする債権についての強制執行または担保権の実行を申し立てたとき、②主債務者または保証人が破産手続開始の決定を受けたとき、③主債務者または保証人が死亡したときに元本が確定するものと定められています（民法465条の4）。

これに対し、その他の個人根保証契約では、③は同様ですが、①と②は保証人にその事由が生じた場合に限定されています（民法465条の4第1項。詳細はQ34参照）。

元本確定期日についての規定は、2017年の改正において個人根保証契約一般には拡大されませんでした。

6　経過措置

2004年の民法改正では、改正法の施行前に締結された元本確定期日のない貸金等根保証契約について、改正法の施行日から3年を経過する日に元本が確定することが改正法の附則で定められていました。

2017年の改正では、このような附則は設けられていません。この附則では、施行日前に締結された保証契約に係る保証債務については、なお従前の例によるものとされておりますので（21条1項）、2017年改正後の規定は適用されず、施行日後に締結された保証契約に係る保証債務について2017年改正後の規定が適用されることとなります。

124

Q34 2017年民法改正の根保証人保護の拡充策の内容は何か

2017年の民法改正で、根保証についてどのような改正がなされたのか具体的に説明してください。

▶▶▶ Point

① 極度額の定めが、個人根保証契約一般について必要とされました。

② 元本確定事由については、個人根保証契約と個人貸金等根保証契約とで異なる規律となっています。

1 はじめに

根保証について、2017年改正前の民法では、「貸金等根保証契約」について、極度額、元本確定期日、元本確定事由の3点についての規律が設けられていました。2017年民法改正では、このうち、極度額と元本確定事由については、「個人貸金等根保証契約」だけでなく、保証人が個人である「個人根保証契約」にも適用範囲が広がりました（「個人貸金等根保証契約」、「個人根保証契約」の意義についてはQ33参照）。ただし、元本確定事由についての適用範囲の拡大は一部の事由のみにとどめられています。また、元本確定期日については、個人根保証契約への適用の拡大は見送られています。

以下では、極度額と元本確定事由のそれぞれの適用範囲の拡大について説明します。

2 極度額についての改正

⑴ 2017年民法改正の内容

極度額とは、「主たる債務の元本、主たる債務に関する利息、違約金、損

125

第4章 主債務の範囲をめぐるトラブル（根保証含む）

害賠償その他その債務に従たる全てのもの及びその保証債務について約定された違約金又は損害賠償の額」について、保証人が責任を負う金額の限度をいいます（民法465条の2第1項）。

2017年の民法改正により、これまでは「個人貸金等根保証契約」についてのみ、極度額の定めが書面でなされなければ根保証契約は無効であるとされていたのが、「個人根保証契約」一般について、極度額の定めが書面でなされなければ根保証契約は無効ということになりました（民法465条の2第2項・3項）。

(2) どのような契約の保証に極度額の定めが必要なのか

クレジットカード利用契約に基づく債務の保証などの、「個人貸金等根保証契約」以外の「個人根保証契約」としては、継続的な売買契約についての買主の債務の保証、アパートなどの賃貸借契約に基づく賃借人の債務の保証、老人ホームなどの利用契約についての利用者の債務の保証などがあります。これらの継続的な契約についての保証は、現在は極度額が定められていないことが一般的ですが、2017年改正民法の施行後は、極度額の定めが書面によりなされていない限り保証契約は無効となります。「個人根保証契約」は、主債務が「一定の範囲に属する不特定の債務」であればよく、債務の種類は問わず、適用される範囲に広がりがあるため、注意が必要です。

ただし、極度額の金額については明文の規定はありません。極度額の金額が過大である場合には、保証契約締結に至る事情、その取引の一般的慣行・取引通念、具体的な取引の態様・経過等の他の事情とあわせて、信義則違反として保証人の責任が限定される可能性はあります（詳細はQ36も参照）。

(3) 経過措置──賃貸借契約の更新との関係

なお、経過措置について定める2017年改正法の附則では、「施行日前に締結された保証契約に係る保証債務については、なお従前の例による」とされておりますので（21条1項）、施行日前に締結された保証契約については、2017年改正による規律は及ばないということになります。

126

この点に関連して、賃貸借契約においては、当初の契約において契約期間の定めがあるとしても、自動更新がなされることが多いですが、施行日後に更新がなされた場合に、2017年改正による規律が及び、極度額の定めが書面でなされなくとも保証契約は有効に成立するかどうかが問題となります。この点について、建物賃貸借の保証についての最高裁判所の判例では、借地借家法の適用を受け更新が原則となっていることなどから、特段の事情がない限り、更新後の賃貸借から生じる賃借人の債務についても保証する趣旨で保証契約を締結したものと解するのが相当であるとしたものがあります（最判平成9年11月13日判タ969号126頁）。この判例を前提とすると、施行日前に締結された賃貸借契約更新前の保証契約の効力は、賃貸借契約の更新後にも及ぶことになりますので、2017年改正による規律は及ばず、あらためて極度額の定めが書面でなされなくとも保証契約は有効に成立すると考えることができるかもしれません。しかし、Q5②の考え方Aのように書面性を厳格に要求する立場からは、保証契約の成立は否定されるべきではないかと考えることもできるのではないかと思います。

上記の判例では賃貸借契約の更新に伴い賃料が増額されておりましたが、この点は問題にされていませんでした。そのため、更新に伴い賃料が増額されたのみでは、上記の判例がいう「特段の事情」がある場合にはあたらないと考えられます。

なお、2017年改正民法では、保証人が個人である場合、賃貸借契約に基づく賃借人の債務の保証契約については、「個人根保証契約」として、極度額の定めが書面でなされていない限り無効となりますので（民法465条の2第2項・3項）、賃料が増額されても、保証人と賃貸人との間で極度額が変更されない限り、保証人が責任を負う金額の上限は極度額のまま変わりません。

③ 元本確定事由

(1) 2017年改正民法の内容

第4章　主債務の範囲をめぐるトラブル（根保証含む）

　元本確定事由とは、その事由が生じた場合に根保証契約の主たる債務の元本が確定するものをいいます。したがって、元本確定事由が生じて元本が確定したあとに発生した主たる債務の元本については保証人が責任を負うことはありません。

　個人貸金等根保証契約においては、2004年の民法改正における定めと同様に、①債権者が、主たる債務者または保証人の財産について、金銭の支払いを目的とする債権についての強制執行または担保権の実行を申し立てたとき、②主たる債務者または保証人が破産手続開始の決定を受けたとき、③主たる債務者または保証人が死亡したときに元本が確定するものと定められています（民法465条の4）。

　2017年の民法改正では、個人貸金等根保証契約以外の個人根保証契約について、上記③（死亡）については主たる債務者または保証人が死亡した場合とされていますが、①（強制執行または担保権の実行の申立て）と、②（破産手続開始決定）は保証人にその事由が生じた場合に限定され、主たる債務者にこれらの事由が生じた場合は除かれています（民法465条の4第1項）。

(2)　個人貸金等根保証契約と個人根保証契約の区別の理由

　個人根保証契約について、特に、賃貸借契約に基づく賃借人の債務の保証においては、賃借人が破産手続開始決定を受けたとしても、賃貸借契約が継続している場合には、原則として貸主としては引き続き賃借をさせる必要があり、強制執行についても賃借人が賃貸借契約とは関係のない債務の履行を怠って強制執行の申立てを受けたとしても、同様に引き続き賃借をさせる必要があります。そのため、仮にこのような場合についても個人貸金等根保証契約と同様に元本が確定するとなると、賃貸借契約は継続するにもかかわらず、その後は保証の効力が及ばないこととなり、賃貸人にとって酷であると考えられます。

　なお、元本確定事由は保証人保護のための規定ですので、強行法規と解すべきであり、特約で排除をしたとしてもその特約は無効となります。

128

Q35 事業者が金融機関から借り入れる際の保証書の特約の内容は何か、2017年民法改正の影響はあるか

Q35 事業者が金融機関から借り入れる際の保証書の特約の内容は何か、2017年民法改正の影響はあるか

事業者が金融機関から事業資金を借入れをする際に保証人が作成する保証書にはどのような特約がありますか。この保証書の特約について、2017年の民法改正による影響はありますか。

▶ ▶ ▶ Point
① 保証人は特約によって民法より権利が制限されることがあります。
② 保証人の権利を制限する特約も含めて公正証書を作成するべきです。

1 金融機関からの借入れの保証人は「保証書」を作成する

会社などの事業者が、金融機関から事業資金を借りる場合には、保証人を求められることが多くあります。保証人になる人は、各金融機関が用意する「保証書」という書類に署名、押印をして保証意思を書面で表示することになります。

なお、2004年の民法改正によって、個人が保証人となる貸金等根保証契約は、極度額を定めなければ無効となることが定められていましたので、2017年改正前から、保証書には極度額の定めが置かれています。

2 保証書には保証人の権利を制限する特約条項がある

保証書には、極度額の定めのほか、以下のような特約条項が設けられていることが一般的です。
① 「保証人は、債務者の貴行に対する預金その他の債権をもって、本保証債務と相殺はしません」（以下、「相殺権放棄特約」といいます）
② 「保証人は、貴行がその都合によって担保または他の保証を変更、解

129

第4章　主債務の範囲をめぐるトラブル（根保証含む）

除しても免責を主張しません」（以下、「担保保存義務免除特約」といいます）

③　「保証人が、この保証債務を履行した場合、代位によって貴行から取得した権利は、債務者と貴行の取引継続中は、貴行の同意がなければこれを行使しません。もし貴行の請求があれば、その権利または順位を貴行に無償で譲渡します」（以下、「代位権不行使特約」といいます）

3　保証書の特約条項の内容

(1)　相殺権放棄特約

民法457条3項では、主たる債務者が債権者に対して相殺権を有するときは、これらの権利の行使によって主たる債務者がその債務を免れるべき限度において、保証人は、債権者に対して債務の履行を拒むことができると定められています（詳細はQ43を参照）。相殺権放棄特約は、保証人が履行を拒む権利を放棄する特約だと考えられます。

このような特約は、主たる債務者が事実上破綻に至った場合に、主たる債務者の自力再建を図るために運転資金や決済資金としての預金を残しつつ、金融機関が貸付金を回収するために保証債務の履行を求めることがありうるという必要性が指摘されています（円谷峻＝三林宏編著『新たな法規律と金融取引約款』249頁）。これは、主たる債務者に相応の預金があり、事業を継続していても、保証人が金融機関から保証債務の履行を求められることがあるということです。

一般的には、保証人と聞くと、主たる債務者が債務を弁済できなくなった場合に、主たる債務者と同時に責任を追及される人というイメージではないでしょうか。しかし、相殺権放棄特約がある場合には、主たる債務者に相応の預金があっても、保証人が先に責任追及される場面もあるため、注意が必要です。このような特約も2017年の民法改正で禁止されるわけではなく、有効であると考えられます。

130

なお、保証債務を履行した保証人は、主たる債務者に対して求償することはできます（詳細はQ48を参照）。

(2) 担保保存義務免除特約

民法504条1項では、弁済をするについて正当な利益を有する者がある場合において、債権者が故意または過失によってその担保を喪失し、または減少させたときは、その代位権者は、代位をするにあたって担保の喪失または減少によって償還を受けることができなくなる限度において、その責任を免れると定められています（詳細はQ45を参照）。担保保存義務免除特約は、この保証人の免責の主張を放棄する特約です。

判例は、このような特約の有効性を認めつつ、債権者の不合理な対応によって担保を喪失・減少させたなど一定の場合には、債権者が特約の存在を主張することを信義則違反または権利濫用としています。2017年の民法改正では、民法504条2項として、債権者が担保を喪失し、または減少させたことについて取引上の社会通念に照らして合理的な理由があると認められるときは、同条1項は適用しないとの条項を新設し、上記判例の考え方を条文化しました。

民法504条2項の新設により、担保保存義務免除特約は、民法の規律内容と同趣旨の内容を定めるものになったと考えられます。もっとも、特約があることで、民法の規律とは異なり、担保の喪失・減少の不合理性は保証人が主張立証しなければならないと思われます。

(3) 代位権不行使特約

民法502条1項では、債権の一部について代位弁済があったときは、代位者は、債権者の同意を得て、その弁済をした価額に応じて、債権者とともにその権利を行使することができると定められています。また、同条3項では、前二項の場合に債権者が行使する権利は、その債権の担保の目的となっている財産の売却代金その他の権利の行使によって得られる金銭について、代位者が行使する権利に優先すると定められています（詳細はQ52を参照）。

131

第4章　主債務の範囲をめぐるトラブル（根保証含む）

　2017年の民法改正によって、代位権不行使特約の前段は、債権者の同意を得なければ代位権を行使できないとする民法502条1項の、同特約の後段は配当等にあたって債権者が代位権者に優先することを定める同条3項の確認的な特約にすぎなくなったものと考えられます。

④　公正証書作成時の口授の内容

　事業資金の借入れを主たる債務とする保証人となる場合には、原則として、保証契約締結に先立って、保証債務を履行する意思を表示した公正証書を作成する必要があります（民法465条の6。詳細はQ29を、この条文の適用除外についてはQ28を参照）。金融機関から事業資金を借りる際に保証人となる場合は、この規定が適用される典型例です。

　民法465条の6第2項1号の条文を読むと、公証人に口授する内容には、上記③のような保証契約の特約条項は含まれていないようにもみえます。しかし、2017年民法改正で公正証書作成という手続が新設された趣旨は、保証契約締結の前に保証人が自分の法的責任を十分に理解していることを確認するためです。保証人の権利を民法上のものよりも制限する上記③のような特約条項は、保証人の法的責任を重くするものですので、上記③のような特約条項を了解していることも、同号の「全額について履行する意思を有していること」という文言に含め、口授が必要であると解釈すべきものと考えます。

　民法465条の6第2項1号は、連帯保証の場合には、催告の抗弁権がないこと、検索の抗弁権がないこと、分別の利益（いずれもQ54を参照）がないこと（連帯保証はこれら保証人独自の抗弁権を放棄して保証人の責任を重くする特約です）の口授を必要としていますので（同号イ・ロのカッコ書内）、これと同様に、上記③のような特約条項も保証人の法的責任を重くすることに違いはないと考えられるからです。

132

Q36 勤務先が行う継続的売買取引の保証をして勤務先が倒産した場合、どのような責任を負うか

Q36 勤務先が行う継続的売買取引の保証をして勤務先が倒産した場合、どのような責任を負うか

　私は勤務先の会社から強く求められて、原材料の仕入れ先の会社との間で、今後発生する原材料の仕入れ代金全額について保証契約を締結してしまいました。万一、勤務先会社が倒産して仕入れ代金を払えなくなったときには、私は保証人として、原材料仕入れ代金全額を負担しなければならないのでしょうか。

▶ ▶ ▶ Point
① 　個人根保証契約として有効かどうかの確認が必要です。
② 　契約が有効でも事案によっては責任が限定されることがあります。
③ 　契約締結時の情報提供がなければ契約を取り消せることがあります。
④ 　契約締結後に債権者に履行状況の情報提供を求めることができます。

1 継続的売買取引の代金債権の保証

　事業者が原材料等を取引先から継続的に買い受ける基本契約を締結し、基本契約に基づいて定期的継続的に行われる売買取引（継続的売買取引）においては、買主の代金支払債務を担保するために、これを主たる債務とする保証契約が締結されることがあります。

　このような保証契約は、1回限りの売買契約の代金債務を保証するものではなく、基本契約に基づく取引で発生する不特定の債務を主たる債務とするもので、設問では個人による保証ですので、個人根保証契約に該当します（民法465条の2。詳細はQ34を参照）。

　個人根保証契約も保証契約ですので、書面でしなければその効力を生じません（民法446条2項）。それに加えて、個人根保証契約では、書面で極度額

133

第4章 主債務の範囲をめぐるトラブル（根保証含む）

が定められていなければ、その効力を生じないとされています（同条2項・3項）。

② 個人根保証契約としての効力の有無と責任限定の可能性

設問のような保証契約は、個人根保証契約に該当しますので、保証契約が書面でなされており、かつ、極度額も書面で定められていない限り、保証契約は無効となります。

保証契約が書面でなされ、かつ極度額も書面で定められている場合であっても、保証人の責任が現実化した時点で、極端に重い責任を保証人が負うことになるなど個別の事情によっては、信義則（民法1条2項）により、債権者の保証人に対する請求が一部制限される場合があります。

裁判例では、継続的取引につき5年あまりを経過した後、買主の信用状態が相互の信頼を破る程度に悪化し、売主側は取引を継続するか否かの自由を有していたにもかかわらず保証人にさらに多額の負担を被らせる結果を招く取引を継続するには、売主側は、あらかじめ保証人の意向を打診する等の措置をとるべき信義則上の義務があり、これを怠り漫然と取引を継続して多額の売掛金を発生させるに至った等諸般の事情を斟酌して、保証債務の範囲を、信義則上、2割減額した事例があります（大阪高判昭和56年2月10日判タ446号137頁）。

設問の事例でも、相談者の保証人としての責任が現実化してしまった場合に、事情によっては一定の範囲に責任が限定される可能性はあります。

③ 保証契約締結時の情報提供義務と履行状況の情報提供義務

継続的売買取引における買主（主たる債務者）の債務が、事業のために負担する債務であるときは、保証契約締結時の情報提供義務の規定（民法465条の10）が適用されます（Q31など参照）。たとえば、主たる債務者が虚偽の財産状況や収支状況を保証人に伝え、それによって保証人が保証契約を締結

Q36 勤務先が行う継続的売買取引の保証をして勤務先が倒産した場合、どのような責任を負うか

するに至り、売主（債権者）がそのことを知りまたは知ることができたとき
は、保証人は保証契約を取り消すことができます。

　設問の事例においても、この規定が適用されると考えられます。相談者
が、保証契約締結時に、主たる債務者である勤務先会社から、財産および収
支の状況のほかに勤務先会社が負担している債務の有無並びにその額および
履行状況などの情報提供を受けておらず、会社の財務状況や負債額などにつ
いて誤認して保証契約を締結し、情報提供を受けていないことを取引先会社
が知っていたときは、保証契約を取り消すことができる可能性があります。

　また、主たる債務者の委託を受けて保証した場合、保証人は、債権者に対
し、主たる債務者の債務の履行状況についての情報提供を請求することがで
きます（民法458条の２）。情報提供を求めたにもかかわらず、債権者がこれ
に応じないときは、債務不履行の一般原則に従い、保証人は保証契約を解除
（民法541条）することができると考えられます。

　設問の事例でもこの規定が適用されると考えられますので、取引先会社に
履行状況についての情報提供を請求し、取引先会社がこれに応じない場合に
は保証契約を解除できる可能性があります。

135

第4章　主債務の範囲をめぐるトラブル（根保証含む）

Q37　賃貸借契約の保証人になったが、賃貸借解除後、引渡未了のため発生した賃料相当額を請求された

> 　友人に頼まれて、アパートの賃貸借契約の連帯保証人になり、賃貸借契約書の連帯保証人欄に署名押印しました。何年か経ったある日、賃貸人から、「半年前に賃料未払いを理由に賃貸借契約を解除したが明渡しが終わっていない。未払賃料は１年分以上ある」と言われました。私は連帯保証人として未払賃料を払わないといけませんか。

▶ ▶ ▶ Point

① 　賃貸借契約から生じる一切の債務の保証は個人根保証契約となります。
② 　賃貸借契約更新後も特段の事情がない限り保証人が責任を負います。
③ 　保証人は賃借人の履行状況につき賃貸人に情報提供を求めることができます。

1　賃貸借契約の保証人の責任

　アパートなどの建物賃貸借契約においては、賃借人の債務を担保するために、保証人（通常は連帯保証人）を立てるよう求められることが一般的です。

　このような建物賃貸借契約における保証人の責任は、2017年改正前の民法下では、原則として、賃貸借契約によって賃借人が負う一切の債務に及ぶものと考えられてきました。

　しかし、2017年改正後の民法では、賃貸借契約から生じる一切の債務といった不特定の債務を主たる債務とする保証契約は個人根保証契約とされ、極度額の定めがなければ効力を生じないと定められました（民法465条の２第２項）。以下では、2017年改正後の民法の適用を前提に説明します。

　設問の内容では、（連帯）保証契約書も兼ねる賃貸借契約書の中に、たと

136

えば、「極度額は○○円とする」などといった定めがなければ、個人根保証契約は無効ですので、支払義務はありません。

また、「極度額は賃借人が負う債務の50％とする」などといった極度額の範囲が不明確な場合には、極度額の定めがないものとして個人根保証契約は無効になると考えられます。

なお、設問とは直接関係はありませんが、賃借人が死亡した場合には、個人根保証契約の元本が確定しますので（民法465条の4第1項3号）、たとえば、賃借人の死亡後に発生した賃料相当損害金などは保証人の責任の範囲外となり、保証人は支払義務を負いません。

② 賃貸借契約の更新と保証人の責任

民法619条2項は、賃貸借契約が黙示的に更新された場合について、「従前の賃貸借について当事者が担保を供していたときは、その担保は、期間の満了によって消滅する」と定めており、保証人の責任は、賃貸借契約の更新によって消滅するように思えます。

しかし、判例では、期間の定めのある建物賃貸借において、賃借人のために保証人が賃貸人と保証契約を締結した場合には、反対の趣旨をうかがわせるような特段の事情のない限り、保証人が更新後の賃貸借から生じる賃借人の債務についても保証の責任を負うものとされています（最判平成9年11月13日判タ969号126頁）。建物賃貸借契約は更新が原則とされていることなどから保証契約の合理的意思解釈をしたものと理解されています。

どのような場合に判例のいう「反対の趣旨をうかがわせるような特段の事情」が認められるのかはケースバイケースです。

たとえば、すでに賃料の滞納額が多額（約200万円）に及んでいたにもかかわらず、賃貸借契約が解除されないまま賃貸人と賃借人で合意更新の交渉が行われ、結果として合意更新ができず法定更新に至ったものの、これらの事実について賃貸人が保証人に何ら連絡をせず、従前の更新時には毎回作成さ

第4章　主債務の範囲をめぐるトラブル（根保証含む）

れていた連帯保証契約書の作成もされなかったという事情があった事例で、法定更新後に発生した賃料等の債務につき連帯保証人の責任を否定すべき特段の事情があると判断されたものがあります（東京地判平成10年12月28日判時1672号84頁）。

設問の事例でも、それまでの契約更新時の対応や、賃料の滞納が賃貸借契約の更新の時期と重なっていないかなどの確認が必要です。判例のいう「特段の事情」にあたれば、責任が軽減される可能性があります。

③　賃貸人から保証人に対する情報提供義務

賃貸借契約の保証人は、2017年改正前の民法下では、賃借人の履行状況についての情報を得るための制度はなく、保証人の知らないうちに多額の賃料滞納が生じることがありました。

2017年の民法改正により、一定の場合には主たる債務の履行状況について、保証人は債権者に情報提供を求めることができることになりました。

賃貸人は、主たる債務者から委託を受けて保証をした保証人からの請求があったときは、主たる債務の履行状況について情報提供をする義務があります（民法458条の２）。賃貸人が情報提供義務を負うのは、保証人から請求があったときだけです。

また、主たる債務者が期限の利益を喪失した場合における情報提供義務の定めもあります（民法458条の３第１項）。この条文が適用される典型例は、金銭消費貸借契約について期限の利益の定めがある場合などです。債権者は、債務者が期限の利益を喪失したときは、保証人に対して２カ月以内に通知をしなければならないものとされ、債権者が債務者の期限の利益の喪失を知りながら保証人に通知しなかった場合には、現に通知をするまでに生じた遅延損害金を請求することはできなくなります（同条２項）。

この規定は、保証人の関知しないところで遅延損害金が増大して保証人の責任が過大なものとならないよう、保証人の責任を制限するものと考えられ

138

Q37 賃貸借契約の保証人になったが、賃貸借解除後、引渡未了のため発生した賃料相当額を請求された

ます。

　賃貸借契約では期限の利益の喪失という事態が生じないため、この規定は直接には適用されません。しかし、賃貸借契約が解除された後に保証人の関知しないところで賃料相当損害金が発生し続け、保証人の責任が過大となるおそれがある点で類似した状況といえますので、類推適用による保証人の責任限定の余地もあると考えられます。

　設問の事例で、賃貸人が賃貸借契約を解除したにもかかわらず、保証人に連絡せず、漫然と賃料相当損害金を発生させ続けたような事情がある場合には、この規定を類推適用して、保証人の責任を限定する余地があると考えます。

第4章　主債務の範囲をめぐるトラブル（根保証含む）

コラム⑥　賃貸借契約と2017年民法改正

　賃貸借契約とは、当事者の一方がある物の使用および収益を相手方にさせることを約束し、相手方がこれに対してその賃料を支払うことおよび引渡しを受けた物を契約が終了したときに返還することを約束する契約です（民法601条）。以下では、賃貸借契約に関する2017年民法改正の要点について説明します。

1　不動産の賃貸人たる地位の移転

　賃貸借契約が締結されて、賃借人に引き渡された後に、所有者である賃貸人が、その不動産を第三者に売却した場合、賃貸人としての地位はその不動産を譲り受けた第三者に移転する（新たに不動産の所有権を取得した第三者が賃貸人になる）ことが定められました（民法605条の2第1項）。

2　不動産の賃借人による妨害停止請求など

　不動産の賃借人は、一定の場合には、その賃借不動産の占有を妨害する第三者に対しては妨害の停止を請求でき、その賃借不動産を占有する第三者に対しては返還請求できることが明文で定められました（民法605条の4第1号・2号）。妨害とは、占有以外の方法で賃借権が侵害されている状態のことで、妨害の停止の請求とは、その妨害の排除を求めることです。

3　賃借人の原状回復義務

　賃借人は、賃借物を受け取った後にこれに生じた損傷を、賃貸借の終了時に原状に復する義務（原状回復義務）を負っています。2017年民法改正により、原状回復義務の範囲について、賃借物に生じた損傷のうち、通常の使用および収益によって生じた賃借物の損耗並びに賃借物の経年変化は除くことが明文で定められました（民法621条カッコ書）。

4　敷　金

　2017年民法改正では、敷金の定義を「いかなる名目によるかを問わず、賃料債務その他の賃貸借に基づいて生じる賃借人の賃貸人に対する金銭の給付を目的とする債務を担保する目的で、賃借人が賃貸人に交付する金銭」と明文化しました（民法622条の2第1項カッコ書）。

　賃貸人は、賃貸借契約が終了して賃貸物の返還を受けたときは、敷金の額から賃借人の債務の額を控除した残額を返還しなければなりません（民法622条の2第1項本文）。なお、賃借人は、賃貸人に対して、敷金を未払賃料などの債務にあてることを請求することはできません（同条2項）。

140

Q38 友人の事業の継続的売買取引を保証しているが、業績が悪化しており、保証人をやめたい

Q38 友人の事業の継続的売買取引を保証しているが、業績が悪化しており、保証人をやめたい

個人事業を営む友人から、継続的な売買代金の支払いについて保証をしてほしいと頼まれました。当時、友人の会社の資金は潤沢であったため、保証人となりました。その後、友人の事業は急激に業績が悪化してしまいました。このような状況の中で、私は、今後も友人の売買代金について保証しなければならないのでしょうか。

▶ ▶ ▶ Point

① 通常解約権や特別解約権の行使の余地があります。

② 個人根保証契約すべてに極度額の定めが必須です。

③ 解約は将来に向かってのみ効力があることに注意してください。

1 はじめに

設問の契約は、「一定の範囲に属する不特定の債務を主たる債務とする保証契約」であるため根保証契約となります（根保証についてはQ33を参照）。特に設問では、根保証の範囲について極度額を設けていないため、包括根保証契約と分類できます。設問で保証を拒絶することができるか否かを検討するうえで、まず、包括根保証契約における解約権に関する議論の状況について簡単に説明します。

2 2004年民法改正以前の議論

包括根保証契約は、保証人に想定外の責任を負わせてしまうことから、判例および裁判例上、その責任を制限する方向に解釈されてきました。その1つとして、根保証人に通常解約権と特別解約権を認め、想定外の債務、責任

141

第4章　主債務の範囲をめぐるトラブル（根保証含む）

を負わせないという考え方があります。具体的には、保証後相当期間が経過したときに解約することができる通常解約権と、債務者の資力状態が悪化した場合のように保証契約締結の当初に予想していなかった特別の事情があるときに行うことができる特別解約権が、法理上認められています。

なお、通常解約権も特別解約権も、ともに、将来に向かってのみ効力があるもの（将来効）と解釈されています。したがって、これを行使したからといって、これまでに保証を受けている人が負担した債務すべての保証を免れるわけではなく、解約後に新たに負担した債務の保証を免れるにすぎないことに注意が必要です。

③ 2004年民法改正の内容

(1) 通常解約権

上記の法理の一部を民法上で明らかにしたのが、2004年の民法改正です。このとき、新たに「貸付金等根保証契約」という概念を創出し、金銭の貸渡しなどに根保証する契約について、元本確定期日を契約締結の日から原則3年とし、約定によっても最長5年としなければならないと規定しました（旧民法465条の3）。これにより、保証後相当期間が経過すれば自動的に元本が確定し、これ以上将来に向かって新たに債務を保証することがないため、上記通常解約権と事実上同様の働きを行うことになりました。したがって、2004年改正によって、「貸付金等根保証契約」において通常解約権を行使する余地はなくなりました。

もっとも、貸付金等以外の取引の根保証については、この規定の適用はないため、従前どおり、通常解約権を行使する余地はあることになります。通常解約権が行使できる期間としては、元本確定期日を契約締結から原則3年とした上記条項が基準になるものと思われます。

(2) 特別解約権

他方、2004年民法改正においては、特別解約権について特段条文が設けら

142

Q38　友人の事業の継続的売買取引を保証しているが、業績が悪化しており、保証人をやめたい

れることはありませんでした。しかし、これは特別解約権の要件である「著しい事情変更」を明文化することが技術的に容易ではなく、また抽象的に規定すれば解釈をめぐって新たな問題が生ずるなどの理由から盛り込まれなかったにすぎません。このような経緯からすれば、民法は、あえて特別解約権を排除したわけではなく、従来どおりその行使ができるものと考えられます。

　特別解約権が認められる場合として、判例および裁判例上、①主債務者の資産状態の急速な悪化により将来の求償権行使の確保が危うくなった場合（最判昭和42年1月31日民集21巻1号43頁）、②主債務者が再三にわたって債務履行せず、そのつど保証人が支払い、その金額が相当額に達し、前途に不安を感じた場合（最判昭和39年12月18日民集18巻10号2179頁）、③一定の地位を前提として根保証人となった者がその地位を去った場合（東京高判昭和62年4月28日判時1250号45頁）、などが具体例としてあげられています。

4 2017年民法改正による影響

　2017年の民法改正によって、「貸付金等根保証契約」について定められていた要式行為性についての規定が、貸付金以外に対する個人根保証も含めた「個人根保証契約」すべてに適用されることとなりました。これにより、貸金以外に対する個人が行った根保証についても、極度額の定めがなければ無効とされることとなりました（民法465条の2）。

　もっとも、従前定められていた元本確定期日の規定については、従前のとおり「個人貸金等根保証契約」に適用が限られるとされました（民法465条の3。元本確定事由についてはQ33⑤を参照）。そのため、「個人貸金等根保証契約」以外の契約における根保証については、通常解約権や特別解約権の上記考え方がそのまま踏襲されることとなりました。

143

第4章　主債務の範囲をめぐるトラブル（根保証含む）

5　設問における解決方法

(1)　契約締結が2017年改正民法施行後の場合

　設問の保証契約が、2017年改正民法施行後に締結されたものであれば、極度額が定められていないことから、契約自体が無効となります。したがって、あなたは、売買代金の保証債務の履行を拒絶することができます。

(2)　契約が2017年改正民法施行前の場合（極度額の定めのある場合を含む）

　設問の保証契約が、2017年改正民法改正施行以前に締結されていれば、旧民法の適用を受けます（民法附則21条1項）。設問の契約は、継続的売買契約に対する根保証契約であるため、「貸付金等根保証契約」にはあたらず、旧法下では、極度額の定めがなくとも無効とはなりません。もっとも、通常解約権および特別解約権を行使する余地が存在することとなります。これは、極度額の定めがある場合も同様となります。

　設問をみてみると、根保証契約を行った時期が不明瞭です。そのため、仮に、根保証契約から相当年数が経過しているのであれば、将来に向かっての通常解約権を行使することができる可能性があります。

　また、友人の会社は、潤沢だった資金が激減しています。そのため、求償権の確保が今後危うくなってくることからすれば、特別解約権を行使する余地も存在するものと考えられます。

　したがって、あなたとしては、通常解約権ないし特別解約権を行使することで、将来の債務保証を回避するべきと考えます。これらの解約権行使の方法としては、解約を行ったことを証明するためにも、早急に内容証明郵便によって、継続的売買契約の相手方に送付すべきこととなります。

144

Q39　息子の雇用について身元保証をしたが、どのような責任を負うか

Q39 息子の雇用について身元保証をしたが、どのような責任を負うか

　息子の会社から身元保証を求められました。身元保証書には、会社が受ける一切の損害について私が保証すること、保証期間は5年であり、5年経過後には当然に5年間更新されることが書かれていましたが、保証する金額は書かれていませんでした。息子が会社に損害を与えてしまったら、私は保証人として全額責任を負うことになりますか。また、私が死亡したら妻が身元保証人の地位を相続しますか。

▶▶▶ Point

① 身元保証契約は極度額の定めがなければ無効です。

② 身元保証契約の保証期間経過後に当然更新する条項は無効です。

③ 身元保証人は一定の場合には責任が制限されます。

④ 身元保証人が死亡した場合、身元保証人としての地位は相続されません。

1 身元保証契約とは

　身元保証契約とは、被用者（労働者）の行為によって使用者（雇用主）が受ける損害を担保することを目的とする保証契約です。身元保証契約は、使用者から事実上強制的に契約締結を求められ、やむを得ず親族などが何ら対価を得ることなく情義的な動機に基づいて契約することが多く、また、その責任も過大になりがちです。そのため、民法だけでなく、「身元保証ニ関スル法律」（以下、「身元保証法」といいます）という特別法によって、身元保証人の責任が限定されています。

　身元保証契約は民法上の保証契約の一種ですので、書面を作成しなけれ

145

第4章 主債務の範囲をめぐるトラブル（根保証含む）

ば、契約自体が無効となります（民法446条2項）。

また、身元保証人が個人である場合には、個人根保証契約の規律が及び、極度額を定めなければ、身元保証契約は無効となります（民法465条の2第2項。詳細はQ33を参照）。

設問の身元保証契約については、極度額の定めがないようですので無効と考えられます。

② 身元保証法による規制

(1) 身元保証人保護のための強行法規性

身元保証契約の内容については、上記のように民法上の規制だけでなく、特別法である身元保証法による規制もあります。身元保証契約の特約が、身元保証法が定める内容よりも身元保証人にとって不利益であるときは、その特約は無効となります（身元保証法6条）。

(2) 保証期間に関する規制

身元保証契約における保証期間について、その定めがない場合には、その保証期間は原則として3年となります（身元保証法1条）。保証期間を定める場合には、5年以内の期間を定めることができます。5年を超える保証期間を定めても5年に短縮されます（同法2条1項）。

(3) 保証期間の更新に関する規制

当事者間の合意によって、身元保証契約を更新することはできますが、更新後の保証期間は5年を超えることができないものとされています（身元保証法2条2項）。この更新は1回限りのものと解釈されています。

(4) 保証期間を当然更新する特約は無効

当初の保証期間経過時に当然更新されるという特約は有効でしょうか。このような特約を認めてしまうと、保証期間は原則10年となり、身元保証法2条1項が保証期間を5年に制限したことを無意味にしてしまいまい、身元保証法の定める内容よりも身元保証人の不利益になりますので、身元保証法6

146

条により無効といわざるを得ません。

裁判例においても「身元保証契約の期間満了時に当然に更新の効力が生ずるものとする更新予約の特約の如きは、同法2条1項の趣旨を無視した脱法的特約であるから、許されない」とするものがあります（札幌高判昭和52年8月24日判タ361号265頁）。

身元保証契約の更新は、身元保証人が、更新の時点において、それまでの身元本人の仕事ぶりや職務内容などを検討し、引き続き身元保証人になるかどうかについて、新たな意思表示を行うものと理解できます。したがって、身元保証契約の更新は新たな保証契約の締結と解釈されますので、書面を作成しない身元保証契約の更新は無効と考えられます（民法446条2項）。

③ 身元保証人の責任を制限する規律

(1) 使用者の通知義務

使用者は、被用者（身元本人）の職務遂行に問題があって身元保証人の責任が生じるおそれがあると知った場合や、被用者の仕事内容や勤務地の変更により、身元保証人の責任が加重されたり、身元保証人が身元本人を監督することが困難になったりする場合には、遅滞なく身元保証人に通知をする義務があります（身元保証法3条）。

(2) 身元保証人の解約権

身元保証人が使用者から上記の通知を受け取ったり、身元保証人自身が上記の事実を知ったときには、身元保証人は、将来に向かって身元保証契約を解約することができます（身元保証法4条）。

身元保証法は、契約締結後に身元保証人の責任が生じる可能性が高まったときには、身元保証人が契約から離脱する権利を認めています。

(3) 裁判所の判断における身元保証人の責任限定

身元保証人が現実に責任を負う事態が生じた場合であっても、裁判所は、使用者の監督に関する使用者の過失の有無、身元保証契約を締結するに至っ

第4章 主債務の範囲をめぐるトラブル（根保証含む）

た事由、身元保証契約を締結するにあたって身元保証人が用いた注意の程度、被用者の任務や身上の変化その他一切の事情を斟酌して、身元保証人の責任を合理的な範囲内に限定することができます（身元保証法5条）。

情義的な動機に基づいてやむなく身元保証契約を締結することの多い身元保証人の責任は、上記のような事情を踏まえて、限定的に理解されるべきであると考えます。

なお、2017年の民法改正により、身元保証契約にも極度額が定められることになりましたが（上記①参照）、極度額まで当然に身元保証人の責任が認められるわけではなく、極度額の範囲内であっても、身元保証法5条に基づく責任限定は認められるべきです。

4 身元保証人が死亡したとき

身元保証契約は、身元保証人と本人の信頼関係を基礎とする契約であるため、身元保証人の地位は相続されません（大判昭和18年9月10日民集22巻948頁）。他方、身元保証人の死亡時にすでに主たる債務が発生していた場合には、その主たる債務に相当する具体的な保証債務は身元保証人の相続人が相続すると解釈されています。

2017年の民法改正後もこの結論に変更はありません。ただし、改正後の民法では以下のような説明になります。

身元保証契約には個人根保証契約の規律が及ぶところ、個人根保証契約の元本確定事由として、保証人の死亡（民法465条の4第1項3号）が掲げられているため、身元保証人が死亡した時点で元本が確定します。したがって、身元保証人が死亡した時点で主たる債務が発生していなければ、元本は不存在ですので、身元保証契約は効力を失います。他方、身元保証人が死亡した時点ですでに主たる債務（使用者の被用者に対する損害賠償請求権等）が発生していれば、身元保証人の相続人は、確定した元本に相当する保証債務を相続することになります。

148

Q40 保証契約締結後、主債務の借入額が変更された場合、保証人の責任はどうなるか

Q40 保証契約締結後、主債務の借入額が変更された場合、保証人の責任はどうなるか

> 　私は1年ほど前、友人が金融業者から100万円を借り入れる際、連帯保証人になりました。そうしたところ、先日金融業者から300万円の支払いを請求されました。どうやら、連帯保証契約書には100万円とあったのに友人が私の了解なく300万円を借り入れたようです。このような場合、連帯保証人の私も300万円を弁済しないといけないのでしょうか。

▶▶▶ Point

① 　保証債務には、主債務を担保するために存在する「付従性」という性質があります。

② 　保証契約の締結後に主債務の内容が減縮された場合には、保証債務の内容もそれに応じて減縮されます。

③ 　保証契約締結後に、主債務の内容が加重された場合であっても、保証債務の内容は加重されません。

1 保証債務の付従性

　保証債務には、主債務を担保する目的のために存在するという性質があります。このような性質を「付従性」といいますが、この付従性には、①成立における付従性、②内容における付従性、③消滅における付従性があるとされています。

　①は、主債務がなければ保証債務も成立しないという性質、②は、保証債務は主債務より重くなることはないという性質、③は、主債務が消滅すれば保証債務も消滅するという性質です。

149

第4章　主債務の範囲をめぐるトラブル（根保証含む）

たとえば、主債務について、詐欺にあったとして取り消された場合、主債務が存在しないことになりますので保証債務も成立しません（①の成立における付従性）。

また、100万円の主債務について連帯保証したが、主債務者が40万円弁済したので主債務が40万円消滅した場合には、保証債務も40万円消滅しますので、保証債務の残りは60万円となります（③の消滅における付従性）。

2 保証契約の締結後に主債務の内容が減縮された場合

上記1②の内容における付従性については、旧民法448条（民法448条1項）に規定があります。内容は、保証人の負担が、債務の目的または態様において主債務より重い場合には、保証債務の内容も主債務の限度に減縮されるというものです。

そして、この規定の解釈として、保証契約の締結後に主債務の内容が減縮された場合には、保証債務の内容もそれに応じて減縮されるとされています。

たとえば、設問とは逆に、連帯保証人になったあとで、友人と金融業者との間で話合いが行われ、借入金の額が70万円に変更され、実際に友人が金融業者から借り入れた金額も70万円であったという場合には、主債務の内容が100万円から70万円に減縮されていますので、保証債務の内容も100万円から70万円に減縮されます。

したがって、仮に金融業者から100万円の弁済を求められたとしても、連帯保証人が負うべき保証債務は70万円となります。

3 保証契約締結後、主債務の内容が加重された場合

(1) 保証債務の付従性の趣旨

では、設問のように、保証契約締結後、主債務の内容が加重された場合には、保証債務の内容もそれに応じて加重されてしまうのでしょうか。

150

この点について、旧民法では明文の規定はありませんでしたが、保証債務の付従性の趣旨から、保証契約の締結後に主債務の内容が加重された場合でも、保証債務の内容は加重されないと解されています。

すなわち、旧民法448条の趣旨は、そもそも、保証が、主債務者がその債務を履行しない場合に、その債務を主債務者に代わって履行することであるから、保証人が主債務者よりも重い負担を負わないよう保証人を保護することにあります。

そうすると、保証契約が締結されたあとに、主債務者が貸主との間で債務の内容を加重したからといって、保証債務の内容も加重されてしまうと、保証人は、契約締結時よりも重い負担を負わなければならず、保証人を保護するという旧民法448条の趣旨に反します。

したがって、保証契約締結後に、主債務の内容が加重された場合であっても、保証債務の内容は加重されないと解されており、このような解釈は学説上も異論ありません。

2017年改正民法では、448条2項において、このような解釈が明文化されました。

(2) 設問の場合

設問においては、保証契約締結後に、主債務の内容が100万円から300万円に加重されていますが、保証債務の内容は加重されませんので、保証契約締結時の内容どおり保証債務の額は100万円となります。金融業者から300万円を請求されたとのことですが、あなたには100万円の支払義務はあっても、加重された分の200万円について支払義務はありません。

(3) 金融業者への対抗手段

なお、金融業者が納得せず、しつこく督促を求めてくるようであれば、保証債務の範囲が100万円を超えて存在しないことを確認するという内容の訴訟を裁判所に提起することが考えられます。

第5章

履行状況をめぐる
トラブル

第5章　履行状況をめぐるトラブル

Q41 亡くなった夫が保証人になっていたが、保証債務も相続されるのか、また根保証の場合はどうか

亡くなった夫が知人の借入金1000万円の保証人になっていました。相続人は妻である私と子ども2人です。私と子どもは夫の保証債務を相続しますか。また、夫の保証が極度額1000万円の根保証契約であった場合には、根保証契約を相続するのでしょうか。

▶ ▶ ▶ Point
① 保証債務は法定相続分に従って相続されます。
② 個人根保証契約は債務者または保証人の死亡により元本が確定します。
③ 個人根保証契約の保証債務は元本確定後に相続の対象となります。
④ 相続放棄をする場合には、資産と負債の調査を行ってください。

1 通常の保証契約の相続性

　通常の保証契約（特定の債務を主たる債務とする保証契約）によって保証人が負担する保証債務は、相続の対象となります。

　この場合、保証債務は、相続人の法定相続分によって当然に分割承継されると解釈されています（最判昭和34年6月19日民集13巻6号757頁）。保証人が主たる債務者と連帯して債務を負担する場合（連帯保証）も同様です。

　設問のケースでは、配偶者と子の法定相続分はそれぞれ2分の1であり（民法900条1号）、子が複数のときは子それぞれの相続分は等分ですので（同条4号本文）、子はそれぞれ4分の1ずつの法定相続分を有します。

　したがって、配偶者は500万円の保証債務を承継し、子はそれぞれ250万円ずつの保証債務を承継することになります。

　保証債務が連帯保証によるものであっても同様です。連帯保証の場合に

154

Q41 亡くなった夫が保証人になっていたが、保証債務も相続されるのか、また根保証の場合はどうか

は、相続人はそれぞれ各自の相続した保証債務額について主たる債務者と連帯して債務を負担することになります。

② 根保証契約の相続性

根保証契約とは、一定の範囲に属する不特定の債務を主たる債務とする保証契約をいいます（詳細はQ33を参照）。

2017年の民法改正前の判例ですが、いわゆる包括根保証契約（極度額の定めがなく、かつ責任期間が無制限の根保証契約）の保証人が死亡した場合、その相続人は、保証人死亡後に発生した主たる債務に係る保証債務を承継するものではないとされていました（最判昭和37年11月9日民集16巻11号2270頁）。すなわち、包括根保証契約に係る基本的保証債務（「包括根保証契約の保証人としての地位」と言い換えることができます）は相続されないと理解されてきました。

他方で、保証人死亡前にすでに発生していた主たる債務に係る保証債務（具体的保証債務）は、相続されると解釈されてきました。

しかし、2017年民法改正により、個人根保証契約は極度額の定めがなければ効力を生じませんので、上記判例のような極度額の定めのない根保証契約（包括根保証契約）の相続性が問題となる場面は生じないことになりました。

また、2017年民法改正で新設された民法465条の4第1項では、個人根保証契約の元本確定事由として、「主たる債務者又は保証人が死亡したとき」（同項第3号）と定められました。したがって、保証人死亡時に元本が確定し、その後は確定した元本およびその利息等のみを主たる債務とする通常の保証契約と同じ扱いになりますので、相続人は、確定した元本に係る保証債務を承継することになります。

なお、極度額の定めがありますから、保証人死亡時に、主たる債務が極度額より大きい場合には、保証人は、極度額を限度とする保証債務を承継することになり、主たる債務が極度額より小さい場合には、相続人は、主たる債

第5章　履行状況をめぐるトラブル

務の額を限度とすると保証債務を承継することになります。

３　相続放棄

　保証人の相続人が、保証債務の相続を避ける方法として、相続放棄という制度があります（民法939条）。相続放棄とは、相続人が、被相続人（亡くなった人）の財産（負債を含む）を一切相続しないという意思を家庭裁判所に申述することで、初めから相続しなかったことにする制度です。

　相続放棄は、相続開始を知った時から３カ月以内に手続をしなければなりません（民法915条１項）。もっとも、裁判例では、相続開始から３カ月以上経ってから初めて被相続人に負債があったことを知ったときには、３カ月以内に知ることができなかったことについてやむを得ない理由があれば、相続放棄が認められているようです。

　相続放棄をすると、積極財産（現金、預貯金、不動産などプラスの財産）も消極財産（借金、保証債務などマイナスの財産）も一切相続しないことになります。プラスの財産だけ相続して借金は放棄するということはできません。したがって、相続放棄をするか否かは、被相続人の財産をよく調査してから判断する必要があります。

　設問のケースで相続放棄を考えている場合には、主たる債務の残額などを債権者に確認することが必要です（債権者には情報提供義務があります（民法458条の２））。保証契約書に1000万円という金額が書かれていたとしても、主たる債務の債務者がすでに全額弁済していることもあるからです。

　また、夫が個人根保証契約の保証人になっていた場合にも、夫が亡くなった時点で主たる債務の元本の残額などを債権者に確認することが必要です。保証人の死亡によって個人根保証契約の主たる債務の元本は確定しますので（民法465条の４第１項３号）、極度額が1000万円と定められていたとしても、死亡時点で主たる債務が存在しなければ、保証人の相続人が承継する保証債務は存在しないことになります。

156

Q42 消滅時効によって保証人が責任を免れることができるのはどのような場合か

Q42 消滅時効によって保証人が責任を免れることができるのはどのような場合か

　私は７年前、親戚関係にあるＡが、１年後に返済するとの約束でＢ
から300万円を借りた際、Ａの連帯保証人になりました。ところが、
Ａは金を借りてから半年ほどで行方不明となってしまい、先日Ｂから
突然300万円の支払いを請求されました。私は連帯保証人として支払
わなければならないでしょうか。

▶ ▶ ▶ Point
① 　時効の期間は、権利を行使することができることを知った時（主観的起
　算点）から５年、権利を行使できる時（客観的起算点）から10年です。
② 　連帯保証人は、主債務者が主張することができる抗弁をもって債権者に
　対抗することができます（民法457条２項）。
③ 　主債務者について時効の完成猶予および更新事由があった場合には、連
　帯保証人に対してもその効力が生じてしまいます。

１ 時効の期間

　時効の期間について、2017年民法改正までは、個人間の貸金の場合、貸金
の返還請求ができる時から10年（旧民法167条１項）、消費者金融など業者か
らの貸金の場合には、５年（商法522条）で時効が完成して請求権が消滅し、
借主は時効を主張して支払いを拒むことができました。

　設問の場合、個人間の貸金のようですので、これまでの民法の規定によれ
ば、まだ時効が完成していないので、時効の主張をして支払いを拒むという
ことはできないと思われます。

　しかし、2017年改正民法では、時効期間について改正があり、個人・業者

157

第5章　履行状況をめぐるトラブル

　いずれの場合も、権利を行使することができることを知った時（主観的起算点）から5年、権利を行使できる時（客観的起算点）から10年となりました（民法166条1項。それに伴って商法522条は削除）。

　貸金の場合には、通常、返還時期を定めており、返済時期がくれば権利を行使することができますので、返還時期が主観的起算点となって時効の進行がスタートします。

　ただし、改正民法施行日前に債権が生じた場合（施行日以降に債権が生じた場合であって、その原因となる法律行為が施行日前になされたときを含みます）、その債権の時効期間は旧民法が適用となります。

　設問の場合、改正民法施行日以降にＡＢ間の金銭消費貸借契約が成立したとすれば、改正民法の適用を受けることになります。この場合、返済時期となる6年前が主観的起算点となり、ＢのＡに対する貸金返還請求権はすでに5年の時効期間が経過しているため、あとで述べる時効の「完成猶予及び更新」事由がなければ、時効が完成し、Ａは時効を主張して自己の支払いを拒むことが可能です。

　そして、連帯保証人は、主債務者が主張することができる抗弁をもって債権者に対抗することができるので（民法457条2項）、連帯保証人としても、ＡのＢに対する時効の主張を援用して、Ｂからの請求を拒むことができます。

　なお、ＡＢ間の金銭消費貸借契約が改正民法施行日前に成立していた場合には、旧民法の適用を受けて時効期間は10年となるため、ＢのＡに対する貸金返還請求権は時効とならず、連帯保証人も時効の主張を援用できません。

② 時効の完成猶予および更新

　時効の完成猶予とは、時効の完成を妨げる効力のことで、時効の更新とは、それまで進行していた時効が効力を失って新たな時効が進行を始める効力のことをいいます（コラム⑦も参照）。

158

Q42　消滅時効によって保証人が責任を免れることができるのはどのような場合か

　そして、主債務者について時効の完成猶予および更新事由があった場合には、連帯保証人に対してもその効力が生じてしまいます（民法457条１項）。

　たとえば、時効期間中に、主債務者が一部でも債務の弁済をしていた場合、債務の承認（民法152条）として時効の更新事由に該当しますので、一部弁済をした時点から新たに５年間の時効がスタートすることとなります。この効力は連帯保証人にも及びますので、当初の返済期限から５年以上経過している場合でも、時効の主張を援用できなくなります。

　時効期間中に、主債務者が債権者から履行するよう請求を受けている場合、催告があったとして、その時から６カ月間、時効は完成しませんし（完成猶予。民法150条１項）、訴訟提起されている場合、裁判係属中、時効は完成しません（民法147条１項１号）。

　また、主債務者と債権者が権利について協議を行う旨の合意が書面でなされているときにも一定期間時効は完成しません（民法151条）。

　このような時効の完成猶予についても、連帯保証人に効力が及びます。

３　連帯保証人は債権者からの請求を拒むことができるか

　設問において、連帯保証人は債権者Ｂから請求を受けておらず、一部弁済したというような事情はなさそうですので、行方不明となっている主債務者Ａについて、時効の完成猶予事由・更新事由がなければ、連帯保証人は、時効を主張して、Ｂからの請求を拒むことができます。しかし、時効の完成猶予事由・更新事由がある場合には、Ｂからの請求に対して時効を主張することはできません。ですので、たとえば、ＡがＢとの間で、権利について協議を行う旨の合意書面を作成していないかどうか、ＡがＢに対して一部でも弁済していないかどうか、ＢがＡに対して催告や訴訟提起をしていないかどうか、確認する必要があります。

159

第5章　履行状況をめぐるトラブル

┌─ コラム⑦　消滅時効と2017年民法改正 ──────────────

1　消滅時効の期間と起算点に関する変更

　2017年の民法改正によって、消滅時効期間は原則的に、「権利を行使することができることを知った時」（主観的起算点）からは5年、「権利を行使することができる時」（客観的起算点）からは10年となりました。改正前民法で定められていた職業別の短期消滅時効制度は今回の改正によって廃止され一般債権と同じ時効期間の適用を受けることになります。

　2017年民法改正のポイントは、①人の生命または身体を害する不法行為による損害賠償請求権の消滅時効期間が3年から5年に延長されたこと（民法724条の2）、②「不法行為の時から20年」という規定を除斥期間ではなく消滅時効としたこと（民法724条2号）にあります。除斥期間とは法律関係の速やかな確定を目的として定められた権利行使期間のことをいい、その期間内に権利を行使しないと権利が消滅します。消滅時効とは異なり当事者が援用する必要はなく中断も認められませんでしたが、今回の改正で消滅時効とされたことで時効の中断や停止が認められ、また信義則や権利濫用の法理を適用することにより、妥当な被害者救済の可能性が広がると考えられます。

2　時効の中断に関する変更

　2017年の改正により、時効の「中断」は「更新」、「停止」は「完成猶予」と表現されたほか、「協議による時効の完成猶予」に関する規定が新設されました。協議による時効の完成猶予は、書面によってなされる必要があり、本来の時効期間の満了時から最長5年まで猶予することができます。

160

Q43 債務者が債権者に対して相殺できる債権を有している等の場合、保証人は債務全額の責任を負うか

Q43 債務者が債権者に対して相殺できる債権を有している等の場合、保証人は債務全額の責任を負うか

> 　私は、AがBから500万円を借り入れるにあたり、Aの連帯保証人になりました。その際、A自身もBに対して300万円の債権を有していると聞きました。ところが、その後Aは事業に失敗し返済できなくなったため、Bは、連帯保証人である私に対して500万円を支払うよう求めてきました。私は500万円全額を払わないといけないのでしょうか。
>
> 　また、主債務者が債権者に対する相殺権を放棄した場合や、取り消しうる行為を追認した場合には、どうなるのでしょうか。

▶ ▶ ▶ Point

① 　保証人は、主たる債務者が主張することができる抗弁（相殺権、取消権、解除権、同時履行の抗弁権など）を援用して、債権者に対抗することができます。

② 　「債権者に対抗することができる」とは、主債務者が履行を免れる限度で債務の履行を拒絶できるという意味です。

③ 　主債務者が相殺権を放棄した場合や取り消しうる行為を追認した場合、それが民法の一般条項（権利濫用や信義則）に反しない限り、保証人も保証債務の履行を拒絶することはできないでしょう。

1 主たる債務者に生じた事由に基づく抗弁

　2017年改正前の民法457条2項では、「保証人は、主たる債務者の債権による相殺をもって債権者に対抗することができる」と、主債務者が債権者に対して相殺権を有する場合についてのみ規定を置いていましたが、その他の抗

第5章 履行状況をめぐるトラブル

弁権については規定がなく、解釈に委ねられていました。

　この点、保証債務は主債務の履行を担保することが目的ですので、主債務の効力を制限する抗弁権があるときには、保証人もこれを援用して保証債務を制限することができなければ、保証債務の付従性に反することになります。したがって、保証人は、債務者の有する抗弁権を援用することができると解されています。

　そこで、2017年の民法改正では、「保証人は、主たる債務者が主張することができる抗弁をもって債権者に対抗することができる」という規定を新設して、上記の解釈を明文化しました（民法457条2項）。「債務者が主張することができる抗弁」は、相殺権のほかには、取消権、解除権、同時履行の抗弁権などがあります。

２ 主たる債務者の債権による相殺

　設問の事例のように、主たる債務者が、債権者に対して、反対債権を有している場合があります。この場合、主たる債務者は、500万円の債務に対して、300万円の反対債権をもって相殺する旨の意思表示をすることで、債務は200万円に減少します。

　では、連帯保証人も、主たる債務者が有している債権について、相殺の意思表示をすることができるのでしょうか。「対抗することができる」（旧民法457条2項）という部分の解釈が問題となっていました。

　この点、保証人は、主債務者の有する債権を用いて相殺の意思表示ができるという見解もあります。しかし、保証人による相殺の意思表示を認めてしまうと、保証人は、他人である主たる債務者の債権を処分することができることになってしまい、不当です。このため、通説は、「対抗することができる」とは、保証人に主たる債務者の債権を処分する権限を認めたものではなく、保証人は、相殺によって主たる債務が消滅する限度で履行を拒絶できるにとどまり、主たる債務を発生させた契約や主たる債務を消滅させることは

162

Q43　債務者が債権者に対して相殺できる債権を有している等の場合、保証人は債務全額の責任を負うか

できないと解してきました。

　また、一定の場合に持分会社の債務を弁済する責任を負っているという点で連帯保証人と類似した立場にある持分会社の社員について、「持分会社がその債権者に対して相殺権、取消権又は解除権を有するときは、社員は、当該債権者に対して債務の履行を拒むことができる」(会社法581条2項)と規定されています。

　そこで、2017年の民法改正では、上記会社法の規定を参考にしつつ、従来の通説の立場を明確にするため、「主たる債務者が債権者に対して相殺権、取消権又は解除権を有するときは、これらの権利の行使によって主たる債務者がその債務を免れるべき限度において、保証人は、債権者に対して債務の履行を拒むことができる」という規定を新設しました(民法457条3項)。

　設問の事例では、主たる債務者であるAは、債権者であるBに対して相殺権を有していますので、連帯保証人であるあなたは、Bからの500万円の請求に対して、Aが相殺権を行使することで免れるべき限度、すなわち300万円の限度で債務の履行を拒むことができます。ただし、残り200万円については、連帯保証人として支払わなければなりません。

3　取消権・解除権

　上記2のとおり、2017年の民法改正では、主債務者が債権者に対して、取消権または解除権を有している場合、保証人は、相殺権と同様、これらの権利の行使によって主たる債務者が債務の履行を免れる限度で債務の履行を拒絶することができると規定されることになりました(民法457条3項)。

　これは、保証人は主債務者の取消権または解除権自体を行使することはできないものの、主債務者によってこれらの権利が行使されるかどうかが確定するまでの間は保証債務の履行を拒絶することができるという従来の支配的な学説を明文化したものです。

163

第5章　履行状況をめぐるトラブル

4 主債務者が相殺権を放棄したり取り消しうる行為を追認した場合

この場合について、明文の規定はありません。しかし、相殺権や取消権について保証人の履行拒絶権が認められている趣旨は、保証債務の付従性、すなわち、保証債務は主債務の履行を確保するための担保であって主債務が相殺権や取消権を行使して債務の履行を免れる可能性がある場合に、保証人に全額の履行を強いるのは適当ではない、ということにあります。

このような趣旨からすれば、主債務者が相殺権を放棄したり、取り消しうる債務について追認したり場合には、相殺権や取消権を行使して債務の履行を免れる可能性がなくなり主債務の帰すうが確定したといえるので、保証人も履行拒絶することはできないものと解されます。

したがって、主債務者が相殺権を放棄した場合や、取り消しうる行為を追認した場合、原則としては保証人も保証債務の履行を拒絶することはできないでしょう。ただし、主債務者による相殺権の放棄等について、権利濫用や信義則違反など民法の一般条項を主張して保証債務の履行を拒絶できる余地はあると考えられます。

164

Q44 債権者が債務者に対して債務の免除をした場合、保証人の責任も縮減するか

Q44 債権者が債務者に対して債務の免除をした場合、保証人の責任も縮減するか

　私は、経営するＡ社がＢ銀行から1000万円の融資を受ける際、連帯保証人になりました。その後、Ａ社の業績が悪化したため、Ａ社はＢ銀行との間で任意整理の手続を進め、残債務のうち３割については返済し、残りの７割については免除してもらうことになりました。ところが、Ｂ銀行は連帯保証人である私に対して、Ａ社に免除した７割の債務について返済を迫ってきました。支払わないといけないのでしょうか。

▶ ▶ ▶ Point

① 法的整理手続によって主債務が減免された場合には、主債務の減免の効力は保証人には及びません。

② 任意整理手続によって主債務が減免された場合には、特別の合意がない限り、民法の原則どおり主債務の減免の効力が保証人に及ぶと解されます。

1 法的整理手続と保証債務の付従性

　民法上、保証債務には付従性がありますので、主債務が減免された場合には、その効果は保証債務にも及ぶため、保証債務も減免されることになります（民法448条１項、詳細はＱ40を参照）。

　しかし、主債務者が倒産し、法的整理手続において主債務が減免された場合には、各倒産法（破産法253条２項、会社法571条２項、会社更生法203条２項、民事再生法177条２項）によって、主債務に対する減免の効力は保証人には及ばないことが明記されており、保証債務の付従性が否定されています。

165

第5章 履行状況をめぐるトラブル

　これは、債権者からすれば、主債務者が破産した場合に備えての保証とい
う人的担保を設定したにもかかわらず、法的整理手続において主債務が減免
された場合に保証債務も付従性によって減免されてしまうと、担保の意味が
なくなってしまうからです。

　したがって、仮に、設問の事例において、A社が法的整理手続を選択した
場合には、A社の残債務が7割を免責された場合でも、連帯保証人であるあ
なたは、免責分の7割の債務についてB銀行に支払わなければなりません。

2 任意整理手続と保証債務の付従性

　では、設問の事例のように、法的整理手続ではなく任意整理手続を選択し
た場合はどのようになるのでしょうか。

　この点、任意整理手続も法的整理手続と同様に債務整理の1つとして広く
活用されていることや人的担保としての保証の趣旨に照らして、法的整理手
続の場合と同じく、保証債務の付従性は否定されるとの見解があります。裁
判例においても、主債務者において特別清算手続中、債権者との間で主債務
の一部を免除する旨の和解契約が結ばれた場合であっても、保証人の保証債
務には影響を及ぼさないとして、保証債務の付従性を否定したものがありま
す（東京地判平成18年6月27日金法1796号59頁）。

　しかし、上記裁判例は、和解契約が、2005年改正前商法において、債権者
が保証人に対して有する権利に影響を及ぼさないと規定されていた「協定」
に代わるものとして成立したことや、当事者もそれを前提に行動していたと
考えられることを理由に保証債務の付従性を否定したものです。また、上記
裁判例は、「仮に、個別和解により会社の債務が減免された場合は、保証人
等との間で別段の定めがなければ、保証人等の責任が減免されるとの立場に
立つとしても、被告の責任は減免されないと解される」とし、保証人である
被告が、債権者に対して、保証責任を明記した念書や確約書を差し入れてい
たことなどについて「別段の定め」にあたると判断しています。このような

166

ことから、上記裁判例の射程は限定的なものといえるでしょう。

したがって、任意整理手続において、主債務が減免された場合には、民法の原則どおり、保証債務の付従性によって保証債務も減免されると解されるべきです。なぜなら、任意整理手続における主債務の減免の合意は、民法上の和解といえますし、法的整理手続と異なり、保証債務の付従性を排除する明文の規定もないからです。ただし、保証人が債権者との間で、主債務者に対する免除の効力は保証人には及ばないことを合意するなど、別段の定めをしたような場合には、例外として付従性が否定されることになるでしょう。なお、この場合であっても、保証人の主債務者に対する求償権まで放棄する内容の合意をしていなければ、求償権を行使することが可能だと考えられます。

3 設問への回答

設問の事例は、任意整理手続ですので、あなたがB銀行との間で、A社に対する免除の効力が保証債務には及ばないなど別段の合意をしていない限り、保証債務の付従性に基づき、主債務に対する7割の免除の効力が保証債務にも及びますので、あなたがB銀行に対して7割の債務を支払う必要はないと考えられます。

第5章　履行状況をめぐるトラブル

Q45 債権者の抵当権設定登記の遅延で一部債権が回収できない場合、保証人は債務全額の責任を負うか

　私は、AがBから、A所有の土地建物（時価1800万円）に抵当権を設定して1500万円を借り入れるということで連帯保証人になりました。ところが、Bは抵当権設定に必要な書類を揃えていたにもかかわらず抵当権設定登記を行わず、1年以上が過ぎました。そのうち、Aが土地建物を1000万円でCに売却してしまったため、Aから貸金債権を回収できなくなったBは、私に対して、連帯保証債務の1500万円の支払いを請求してきました。私は連帯保証人として支払わなければならないでしょうか。

▶ ▶ ▶ Point
① 　債権者は、保証人のために担保を喪失または減少させないという担保保存義務を負っています。
② 　債権者が合理的な理由なく担保保存義務に違反した場合、保証人は担保が喪失または減少した限度で保証債務を免れます。

1 　債権者の担保保存義務

　保証人が主たる債務者に代わって債権者に弁済した場合、保証人は主たる債務者に求償することができます。また、保証人は、債権者がもっていた抵当権などの担保権を行使（代位）することもできます（詳細はQ48・Q49を参照）。

　ところが、債権者がその担保権を勝手に放棄してしまったり毀損させてしまったりすると、保証人などの代位権者は、代位できるはずだった担保権を失うことになり、大きな不利益を被ることになります。

168

Q45　債権者の抵当権設定登記の遅延で一部債権が回収できない場合、保証人は債務全額の責任を負うか

　そのため、債権者は、代位権者のために、担保を喪失しまたは減少させない義務（担保保存義務）を負っています。

② 担保保存義務に違反した場合

　では、債権者が、担保保存義務に反して、担保を喪失または減少させた場合には、どのようになるのでしょうか。

　債権者が、故意または過失によって担保保存義務に違反した場合には、代位権者は、代位をするにあたって担保の喪失または減少によって償還を受けることができなくなる限度において、その責任を免れることになります（民法504条１項前段（旧民法504条））。保証人であれば、担保が喪失または減少した限度で、保証債務を免れることになります。

　なお、代位権者が自己の財産をもって他人の債務を担保した物上保証人である場合において、その代位権者から担保の目的となっている財産を譲り受けた第三者およびその特定承継人（特定の財産や権利義務を承継した人のことをいいます。たとえば、売買によって所有権を取得した人がこれにあたります）についても、担保保存義務違反による免責の効果を主張できるかについては、これまで明確な規定はありませんでした。しかし、判例法理（最判平成３年９月３日民集45巻７号1121頁）によって認められてきたことから、2017年民法改正によって民法504条１項後段で明文化されました。

③ 担保保存義務違反の例外

　2017年の民法改正では、債権者が担保を喪失しまたは減少させたことについて取引上の社会通念に照らして合理的な理由があると認められるときは、担保保存義務違反による免責の効果は適用されないという規定が新設されました（民法504条２項）。

　2017年改正前の民法504条にはなかった規定ですが、これまでも、債権者の「過失」の有無の解釈において取り込まれてきた準則を明文化したにすぎ

169

第5章 履行状況をめぐるトラブル

ませんので、何らかの変更がもたらされるわけではありません。

4 設問への回答

　債権者であるBには担保保存義務があります。

　Bが、「故意または過失によって」、「抵当権設定に必要な書類を揃えていたにもかかわらず抵当権設定登記を行わず、1年以上」経過させて担保を喪失させたといえる場合には、あなたはBに対して、Bの担保保存義務違反を理由に保証債務の免責を主張することができます。

　設問において、Bがすでに抵当権に必要な書類を揃えておりいつでも抵当権設定登記を行える状態にあったにもかかわらず、合理的な理由もなく、1年以上も登記を行わずに放置していたのであれば、Bの過失が認められる可能性が高いでしょう。そして、その結果、Bは時価1800万円の担保物件を喪失させたのですから、あなたの保証債務1500万円は全額免責されるものと考えられます。したがって、あなたがBに対して1500万円の保証債務を支払う必要はないでしょう。

170

Q46 主債務者について破産手続開始決定が出た場合、保証人はどのような影響を受けるのか

Q46 主債務者について破産手続開始決定が出た場合、保証人はどのような影響を受けるのか

私は、30年以上前に友人の会社の債務について連帯保証しました。最近、友人から経営が立ちゆかなくなったため会社について破産手続の申立てをしたと聞きました。友人は私に対して、「私以外にも複数人保証してくれている人がいる。迷惑をかけて申しわけない」と言っていましたが、実際どのような事態になるのでしょうか。

▶▶▶ Point

① 主債務者が破産しても保証債務は免れません。

② 保証人固有の責任限定の抗弁は、主債務者が破産しても主張できます。

③ 主債務者の責任限定の抗弁権は、主債務者の破産の影響を受けます。

1 主債務者が破産した際の保証人への影響

主債務者は、破産後に免責決定（債務の支払いから解放することの決定）を受けることで債務の支払いから解放されます。しかし、この効力は、主債務者のみに及び、保証人等に対しては何ら影響しません（破産法253条2項）。そのため、破産手続や免責決定によって保証債務が消滅することはありません（詳細はQ44を参照）。

2 保証人に対する請求

主債務者が破産手続を開始すると、債権者は配当などの破産手続を介してしか主債務者から債権を回収することができなくなります（破産法100条1項）。主債務者から回収できない債権者としては、保証人に対して、主債務者の代わりに債務の支払いを請求することとなります。

171

第5章　履行状況をめぐるトラブル

③　保証人の対応策

　債権者から保証債務の履行を求められた場合、破産手続開始決定前であれば、主債務者の責任限定の抗弁権を援用する方法と保証人固有の責任限定の抗弁を行う方法の2つの対応方法があります。後者については、保証人固有の問題であるため、主債務者の破産手続の影響を受けず、破産手続開始決定後であっても、それ以前と同様に主張することができます（後者の詳細については、Q15〜Q27・Q42・Q43などを参照）。

　他方で、前者については、主債務者の事情に大きく影響されるため、主債務者の破産手続開始決定によって保証人が主張できるかどうかが変わってくる場合があります。そこで、主債務者の抗弁の中の1つである消滅時効の抗弁について破産手続開始決定によってどのような影響を受けるかについて説明します。

④　消滅時効の援用の可否

(1)　破産手続開始決定前に主債務の時効期間が経過している場合

　すでに主債務の時効期間が経過しているのであれば、保証人は、主債務の時効を援用して保証債務の支払いを拒むことができます。そして、民法147条は、時効が完成していない債権について定めた規定であるため、すでに時効期間が経過している債権には適用がありません。また、破産管財人においても、破産手続開始決定時における時効の完成を理由に、届け出られた債権について認容しませんので、更新の問題も生じません。もっとも、破産管財人が時効の完成を見落として債権を認めてしまう場合も考えられます。しかし、その場合もいわゆる時効完成後の自認行為となり、信義則上、主債務者のみ時効の援用が制限されるため、保証人に効力が及ばないものとなります。

　したがって、保証人として、破産手続開始決定前に主債務の時効期間が経

過しているのであれば、その債権の時効を援用して保証債務の支払いを免れることができます。

(2) 破産手続開始決定後に主債務の時効が完成予定の場合

破産手続開始決定後、裁判所に債権届出が提出されると破産手続終了後6カ月間、時効の完成が猶予されます（民法147条1項4号、破産法111条1項）。

他方、債権届出に対して破産管財人による認否等で債権額が確定した場合は、その確定時に時効が更新し、破産手続終結時から再度時効が進行することになります（民法147条2項。時効期間10年（民法169条1項））。

したがって、保証人は、債権認否等が行われていれば、破産手続終結後10年を経過しないと時効の主張ができず、債権認否等がなければ破産手続が終了してから6カ月後に時効主張することができることとなります。

ただし、破産手続によって法人が消滅する場合や、自然人が免責決定を受ける場合は、時効の進行を観念することができないため、保証人は、主債務の時効を援用することができなくなります（詳しくは最判平成15年3月14日民集57巻3号286頁、最判平成11年11月9日民集53巻8号1403頁を参照）。

5 破産手続への参加方法

保証人も、将来的に保証債務を弁済すれば主債務者に対して求償権を取得するため、潜在的に債権者となります。そこで、破産法104条3項は、将来行うことがある求償権を有する者は、その全額について破産手続に参加することができると規定しています。ただし、債権者が破産手続に参加した場合はこの限りではなく、保証人は参加できないこととなります（同項ただし書）。

他方、破産手続開始決定後に保証人が弁済した場合は、債権者が破産手続に参加していると、債権者の有する債権が全額消滅した場合にのみ原債権を行使することができ（破産法104条4項）、一部の弁済であっても原債権者と保証人が連名の承継届出をすれば、原債権者が任意で一部弁済部分の債権の取下げをしたものとして、一部弁済部分について保証人の求償権を認めるこ

第5章 履行状況をめぐるトラブル

とができます。

6 まとめ

　保証人であるあなたは、まず債権者から保証債務の履行を求められます。それに対して、時効などの抗弁を行うことができれば支払いを拒絶できる場合もあります。もっとも、事実上主債務の時効を援用できるのは、債権届出がなされず、破産手続開始決定後に主債務の時効期間が完了する場合に限られますので、債権者が債権届出を行っているかどうかを確認することに留意する必要があります。

　そして、債務者に代わって弁済した場合は、破産手続への参加手続を行い、配当を得ることができる場合もあります。

174

第6章

保証人の弁済・求償をめぐるトラブル

第6章 保証人の弁済・求償をめぐるトラブル

Q47 保証債務弁済後に主債務者が破産した場合、弁済した金銭は主債務者に請求できるか

友人に頼まれ、連帯保証人となっていたところ、友人が支払いを滞納したため、銀行から保証債務の支払いを求められました。幸い、全額払えるだけの蓄えがあったため、すぐさま全額を支払いました。

私が全額支払ったあとに友人は自己破産してしまいました。私が友人の代わりに立て替えたお金は、返ってくるのでしょうか。

▶ ▶ ▶ Point

① 原則として破産手続によらなければ配当は受けられません。

② 担保権（別除権）の実行により回収できる場合があります。

1 破産していない場合（通常の場合）

保証人は、主債務者に代わって債務の履行を行うと、その履行の限度において、債権者を代位して主債務者に対して、立て替えた金員の請求を行うことができたり、担保権を取得し、実行することができたりします（民法499条・501条）。主債務者が破産しなければ、その権利を行使し、保証人は、主債務者に対して、代わりに支払った金員を回収することとなります（詳しくはQ48を参照）。

なお、他に保証人がいる場合は、その保証人に対して請求することができる場合があります（詳しくはQ54を参照）。

2 破産した場合

他方、主債務者の破産手続が開始されると、債権者はその債権を行使することができなくなり、原則配当をもってのみしか回収できないこととなって

しまいます（破産法100条）。そのため、裁判や強制執行といった手続はとれ
ず、債権者が配当を得るためには、破産手続に参加することが必要となりま
す。裁判所に債権届出を提出することで、破産手続に参加することとなるた
め、配当を希望する場合は、必ず債権届出を提出してください。

　なお、あなたが保証していた債務について抵当権などの担保権が設定され
ている場合は、その担保権を代位して行使することができます（民法501
条）。これは、破産手続中においても同様で、その権利は別除権という名称
で破産手続によらないで行使できると定められています（破産法65条1項）。
したがって、この場合、あなたは、破産手続とは別に別除権を実行して金員
の回収を行うことができます。ただし、破産手続において配当を受けようと
考えるのであれば、別除権を実行して予定不足額を確定させるか別除権を放
棄しなければならないので注意してください（破産法198条4項）。

③　破産手続開始決定前の一部弁済の場合

　設問と異なり、破産手続開始決定前の弁済が一部のみであった場合も、上
記のとおり、弁済した金額の範囲で破産手続に参加できますし、担保権が設
定されていれば別除権として行使することができます。これは、破産手続開
始決定後に弁済しても全額弁済しなければ、原則として破産手続に参加でき
ないとされることと取扱いが異なるので注意してください（Q46参照）。

④　まとめ

　あなたは、①破産手続に参加し配当を得る方法、②担保権がある場合にそ
の担保権の実行により金員を回収する方法、③他の保証人がいる場合に他の
保証人に請求する方法のいずれかないしは複数を選択したうえで、立て替え
た金員の一部を回収することになります。ただし、主債務者は、返済できな
いために破産をしていますので、配当によっては立て替えた金員のほとんど
が返ってこないと思ったほうがよいと思います。

177

第6章　保証人の弁済・求償をめぐるトラブル

Q48　保証債務の半額を弁済した場合、保証人は主債務者にいくら請求できるか

　私は、友人ＡがＢ銀行から2000万円を借りる際、Ａから頼まれて保証人になりましたが、Ａの返済が滞ったため、Ｂ銀行に保証人として残額1000万円を支払いました。私はＡに対し、いくら請求できるのでしょうか。なお、私は1000万円の資金を準備するため、私が所有する不動産に抵当権を設定しました。

▶ ▶ ▶ Point
① 　保証債務を弁済した保証人は主債務者に求償権を行使できます。
② 　求償権の範囲を具体例で理解しましょう。
③ 　求償権に関するその他の問題の所在を理解しましょう。

1　保証人の求償権──求償請求の可否

　保証人は、債権者との間で保証契約を締結しており、保証債務の弁済は自己の債務の弁済です。しかし、保証人は主たる債務者に代わって弁済しているのであり、保証人による弁済は、最終的には主たる債務者が負担すべきものの弁済です。そのため、保証人が主たる債務者に代わって弁済をしたときは、その保証人は、主たる債務者に対して求償することができます（民法459条）。これを保証人の求償権といいます。

　したがって、あなたは、主たる債務者であるＡに対し、求償権を行使することができます。

2　求償権の範囲

　それでは、あなたはＡに対して、いくら請求できるのでしょうか。求償権

178

の範囲の問題です。

　求償権の範囲は、民法459条１項・442条２項の規定により、①弁済その他の債務消滅行為のために支出した財産の額（その財産の額がその債務消滅行為によって消滅した主たる債務の額を超える場合は、その消滅した額）、②弁済その他免責があった日以後の法定利息、③避けることができなかった費用その他の損害の賠償となります。

　上記①は、あなたがＢ銀行に支払った1000万円です。上記②は、あなたがＢ銀行に支払った日からＡに支払ってもらうまでの1000万円に対する法定利率です。なお、法定利率について、旧民法では年５％の固定利率を採用していましたが、2017年改正民法では年３％から始まる変動制の利率が採用されました（民法404条）。上記③は、あなたは弁済資金調達のために抵当権を設定していますので、その抵当権設定費用等がこれにあたります。

3　その他の問題

(1)　弁済による代位

　設問の事案で、ＡがＢ銀行から借り入れる際、Ａ所有の不動産に抵当権を設定していたとします（あなたが設定した抵当権とは別の抵当権です）。あなたが保証人として残額1000万円を弁済した場合、あなたはＡに対し求償権を取得することになりますが、この求償権の効力を確保するため、あなたはＡが設定した抵当権を実行することができます。これを「弁済による代位」といいます（民法501条、詳細はＱ49を参照）。

　また、設問の事案とは異なりますが、あなたが保証人として残額1000万円のうち500万円を弁済したとした場合、「一部」弁済をした保証人と債権者であるＢ銀行との間で、Ａ所有の不動産の抵当権を誰がどのように実行するか、また、配当の優先関係はどのようになるか等の問題があります（詳細はＱ52を参照）。

(2)　主債務者に対する通知

第6章　保証人の弁済・求償をめぐるトラブル

あなたのように、主債務者から頼まれた保証人（受託保証人）には、主債務者に対し、保証人が債務の消滅行為をすることの通知（事前通知）や、弁済したことの通知（事後通知）を行う義務があり、これらの通知を怠ると求償権の行使に制限を受けることがありますので注意が必要です（民法463条1項・3項、詳細はQ50を参照）。

(3)　主債務者の死亡と求償

あなたがB銀行に1000万円を支払う前に、Aが死亡していた場合には、AのB銀行に対する1000万円の残債務はAの相続人が承継することになります。したがって、あなたが保証人として1000万円をB銀行に支払った場合には、Aの相続人に対し求償することになりますが、相続人が複数いる場合や相続放棄がなされていた場合は、どの相続人にいくら求償できるのか検討する必要があります（詳細はQ51を参照）。

(4)　求償権の時効

求償権にも消滅時効の規定の適用があり、権利を行使できることを知った時から5年、権利を行使できる時から10年で、消滅時効が完成しますので注意が必要です（民法166条1項、詳細はQ53参照）。

Q49　保証人が弁済した場合、主債務者が設定していた抵当権の実行や他の保証人への求償はできるか

Q49 保証人が弁済した場合、主債務者が設定していた抵当権の実行や他の保証人への求償はできるか

　　ＡがＢ銀行から2000万円を借り入れる際、Ａの不動産甲に抵当権を設定し、私とＣが連帯保証人になりました。Ａの支払いが滞り、私が残金1000万円を弁済した場合、私は抵当権を実行したり、他の保証人Ｃに請求したりできますか。ＡがＤに不動産甲を譲渡した場合、私がＤに抵当権の実行を対抗するには付記登記は必要ですか。

▶ ▶ ▶ Point

① 　保証人は「弁済による代位」により、抵当権を実行したり、他の保証人に請求したりできます。

② 　2017年改正民法では、対抗要件としての付記登記は不要になりました。

1 弁済による代位

⑴ 弁済による代位とは

　保証人が主たる債務者に代わって弁済をしたときは、その保証人は、主たる債務者に対して求償権を取得します（民法459条）。ところが、この求償権は単なる債権にすぎず、債務者の資力が十分でないときは、満足に回収できないことになります。そこで、民法は、このような求償権の効力を確保し、弁済者を保護するため、弁済者が債権者に代位することを認めています（民法499条以下）。代位した者は、債権の効力および担保としてその債権者が有していた一切の権利を行使することができ（民法501条1項）、これを「弁済による代位」といいます。したがって、弁済をした保証人等は、債権者が有していた担保権等を行使することにより、求償権の満足を受ける可能性が高

第6章 保証人の弁済・求償をめぐるトラブル

まることになります。

　なお、厳密にいえば、弁済による代位によって保証人が行使することができるのは、「求償権」を担保する各種の担保ではありません。弁済による代位によって「原債権」が法律上当然に債権者から保証人に移転し、その結果として、この「原債権」を担保する各種の担保も随伴して移転するため、これを保証人が行使できるということです。

　連帯保証人を含む保証人は、弁済をしなければ債権者から請求を受ける地位にありますから、「弁済をするについて正当な利益を有する者」（民法500条カッコ書）に該当し、いわゆる法定代位として、債務者に対する権利行使要件・第三者対抗要件を備えることなく、債権者に代位することができます（民法499条・500条）。

(2)　設問の検討

　設問の事案においては、連帯保証人であるあなたが、残金1000万円を返済した場合には、主たる債務者Aに対して1000万円の求償権を取得します。そして、この求償権の効力を確保するため、弁済による代位によって、原債権であるB銀行のAに対する1000万円の貸金返還請求権が法律上当然にあなたに移転し、その結果として、この貸金返還請求権を担保する不動産甲の抵当権も随伴して移転します。Aが返済しない場合には、あなたは抵当権を実行し、裁判所の競売手続において、債権回収を図ることができます。

　B銀行の連帯保証人Cに対する保証債権も人的担保であり、弁済による代位の原債権の法定移転に随伴してあなたに移転しますが、保証人の一人が他の保証人に対して債権者に代位する場合には、自己の権利に基づいて他の保証人に対して求償することができる範囲内に限られるので（民法501条2項カッコ書）、あなたが連帯保証人Cに対して行使できるのは、500万円までとなります（民法465条・442条）。

182

Q49　保証人が弁済した場合、主債務者が設定していた抵当権の実行や他の保証人への求償はできるか

② 第三取得者との関係──代位の付記登記の要否

(1) 2017年改正前民法──対抗要件としての付記登記が必要

2017年改正前民法では、保証人が債権者に弁済した場合に、保証人が債権者に代位して第三取得者に対し原債権を行使するには、あらかじめ抵当権の登記にその代位を付記しなければならないとしていました（旧民法501条1号）。この規定の趣旨は、保証人の弁済によって担保権が消滅したものと信じて目的不動産を取得した第三者を保護することにあるとされていました。

設問の事案に即してみると、あなたが残金1000万円を弁済したあとに、AがDに対して不動産甲を譲渡していますから、あなたとしては、DがAから不動産甲の譲渡を受ける前に、付記登記をしなければ、Dに対し原債権の行使を対抗することができませんでした。なお、この事案とは逆に、AがDに対して不動産甲を譲渡したあと、あなたが残金1000万円を弁済した場合、あなたは代位の付記登記をしなくても、第三取得者Dに対し、原債権の行使を対抗することができるとされていました（最判昭和41年11月18日判時474号212頁）。その理由は、この場合にも、付記登記が必要だとすると、保証人としては、いまだ保証債務を履行する必要があるか否か明らかでないうちから、不動産について第三取得者の生ずることを予想してあらかじめ代位の付記登記をしておく必要があることになり、これは保証人にとって酷であるからとされていました。いずれにせよ、旧民法下では、付記登記は、保証人が第三取得者に債権者に代位することを対抗するための要件とされていました。

(2) 2017年改正民法──対抗要件としての付記登記不要

しかし、2017年改正民法では、このような対抗要件としての付記登記は不要とされました（民法501条参照）。これは、旧民法の規定の趣旨であった代位の付記登記がないことを理由として担保権が消滅したという第三取得者の信頼が生じるといえるか疑問であることや、抵当権付きの債権が譲渡された場合に、付記登記が担保権取得の第三者対抗要件とされていないこととのバ

183

第6章　保証人の弁済・求償をめぐるトラブル

ランスを失していることを考慮したものによるとされています。そうすると、2017年改正民法の下では、付記登記は、第三取得者等の第三者に対して債権者に代位することの対抗要件ではなく、担保権を実行する際における承継を証する公文書（民事執行法181条3項）として位置づけられるものになります。保証人は、付記登記がない場合であっても、弁済による代位によって担保権が移転したことを第三者に対抗できるとともに、ほかに承継を証する公文書を提出することができれば担保権を実行することができます。

(3)　設問の検討

設問の事案では、あなたは、付記登記をしなくても第三取得者Dに抵当権の実行を対抗できますし、抵当権の実行の申立てに際して、付記登記を経由したうえで抵当権の移転を表示する登記簿謄本を提出しなくても、抵当権の移転を証する和解調書謄本、公正証書謄本等を提出することで足りることとなります。その意味では、保証人が弁済による代位によって原債権を行使する局面において、対第三者との関係および担保権の実行に関し、2017年改正民法では保証人の保護が拡充されたといえます。

Q50 保証人が弁済をする際、主債務者に対する通知などが必要か、怠って弁済した場合はどうなるか

Q50 保証人が弁済をする際、主債務者に対する通知などが必要か、怠って弁済した場合はどうなるか

保証人は、弁済をする際、主債務者に対して通知をしなければならないと聞いていましたが、この通知義務とはどのようなものなのでしょうか。通知をしないまま保証人が弁済した場合にはどのような不都合があるでしょうか。また、2017年の民法改正で保証人の通知義務はどのように変わったのでしょうか。

▶▶▶ Point

① 保証人の通知義務は主債務者保護のための制度であり、通知を怠ると保証人の求償権が制限されます。

② 2017年改正民法では、一部の保証人の通知義務がなくなりましたが、事後のトラブルを防止するため、これらの保証人も通知を行うことが望ましいと考えます。

1 2017年改正前民法における保証人の通知義務

2017年改正前民法においては、保証人は、保証債務を弁済する際、主債務者に対し、通知しなければならない旨が規定されていました（旧民法463条1項・443条）。この主債務者に対する通知義務は、保証人が主債務者からの委託を受けたか否かにかかわらず、保証債務を弁済する事前および事後それぞれに課せられるものでした。

保証人は、①債権者から履行の請求を受けたことの通知（事前通知）と、②弁済したことの通知（事後通知）を行う必要があり、これらの通知を怠ると、保証人の求償権が制限されることとなります（旧民法463条1項・443条）。保証人が、①事前通知を怠ったときは、保証人は、主債務者が債権者

185

第6章　保証人の弁済・求償をめぐるトラブル

に対抗することができた事由をもって、主債務者から対抗されてしまい、対抗された分の求償権を行使できません（旧民法463条1項・443条1項前段）。また、保証人が、②事後通知を怠り、その後、保証人が弁済したことを知らないで主債務者が債権者に返済してしまった場合には、主債務者は、自己の返済を有効とみなすことができ、保証人はその分の求償権を行使できなくなります（旧民法463条1項・443条2項）。もっとも、保証人の通知義務の規定は、任意規定であり、特約により排除することが可能とされています。

　このような保証人の通知義務の規定は、主債務者による二重弁済の防止、抗弁権（主債務者が債権者に対し一定の事情を主張して、債権者の請求を拒否できる権利）不行使の防止を図り、もって主債務者の保護を図るための制度です。

② 2017年改正民法における保証人の通知義務

　それでは、2017年改正民法において、これらの保証人の通知義務はどのように変わったのでしょうか。以下では、事前通知義務と事後通知義務に分けて説明します（〔表2〕も参照）。

〔表2〕　2017年民法改正における通知義務の新旧比較

(1)　2017年改正前民法

	受託保証人	主債務者の意思に反しない無委託保証人	主債務者の意思に反する無委託保証人
事前通知義務	○	○	○
事後通知義務	○	○	○

(2)　2017年改正民法

	受託保証人	主債務者の意思に反しない無委託保証人	主債務者の意思に反する無委託保証人
事前通知義務	○	×	×
事後通知義務	○	○	×

Q50　保証人が弁済をする際、主債務者に対する通知などが必要か、怠って弁済した場合はどうなるか

(1)　事前通知（民法463条1項）

2017年改正民法では、事前通知義務を負う主体および事前通知の内容について、旧民法から変更されました。2017年改正民法では、事前の通知義務を負うのは、主債務者の委託を受けた保証人（受託保証人）に限られます。逆にいえば、委託を受けない保証人（無委託保証人）は、債務者の意思に反する保証か否かを問わず、事前通知義務を負いません。これは、無委託保証人については、もともと求償権が制限されており、事前通知義務を課すまでもないと考えられたからです。すなわち、主債務者の意思に反しない無委託保証人については、もともと求償権の範囲が、主債務者が「その当時利益を受けた限度」にとどまり、事前通知を怠ったか否かを問わず、返済をした当時、主債務者が債権者に対抗することのできる事由（たとえば、債権者に対して相殺を主張しうる反対債権を有していたことや主たる債務を発生させた契約の無効・取消事由等）を有していた場合には、その事由に係る分の金額について求償することができません。また、主債務者の意思に反する無委託保証人については、もともと求償権の範囲が、主債務者が「現に利益を受けている限度」にとどまります。前述のとおり、事前通知義務を怠った場合の法律効果は、求償権の制限でしたから、無委託保証人はもともと求償権の範囲が限定されている以上、通知義務を課す意義に乏しいと考えられたのです。

なお、旧民法は、事前通知事項を「債権者から履行の請求を受けたこと」の通知としているのに対し、2017年改正民法は「保証人が債務の消滅行為をすること」の通知に改められました。これは、求償権の範囲を制限することとの関係では、請求を受けたことよりも、保証人が弁済をすることをあらかじめ通知するかどうかを問題とすべきであると考えられたことによります。

(2)　事後通知義務（民法463条3項）

2017年改正民法では、主債務者の意思に反した無委託保証人を、事後通知義務を負う主体から除外しました。これは、主債務者の意思に反する無委託保証人については、そもそも求償権が制限されており、事後通知義務を課す

第6章 保証人の弁済・求償をめぐるトラブル

までもないと考えられたからです。すなわち、前述のとおり、主債務者の意思に反する無委託保証人については、もとも求償権の範囲が、主債務者が「現に利益を受けている限度」にとどまるとされており、保証人が事後の通知を怠ったかどうかにかかわらず、保証人が主債務者に対して求償をしたときまでに主債務者が返済をしていた場合には、その返済に係る金額の求償をすることができません（つまり、主債務者は、自己の返済を有効とみなすことができます）。このことから、求償権の制限という法律効果を伴う事後通知義務を課す意義があるのは、受託保証人および主債務者の意思に反しない無委託保証人ということになります。

3 実務上の対応

前述のとおり、2017年改正民法において、一定の保証人の場合、事前または事後の通知義務がなくなりました。このように、法律上、通知義務が課せられない保証人は、保証債務を弁済する際、主債務者に対する通知を行う必要は全くなくなったのでしょうか。

保証人の主債務者に対する求償権の制限を回避するという意味においては、これらの保証人は、もともと求償できる範囲が限定されており、通知には意味がないとも考えられます。しかし、事前通知をすることによって、保証人は、主債務者から主債務の残存額や主債務者が債権者に対して有している抗弁権等の情報を入手できる場合があります。また、事前および事後の通知によって、保証人が弁済をしようとすることや弁済した事実を知らせることで、主債務者による二重弁済を事実上阻止させることが期待できます。したがって、実務上の対応としては、事実上のトラブルを防止するため、通知義務のあるなしにかかわらず、事前および事後の通知を行うことが望ましいと考えられます。

188

Q51　主債務者が死亡した場合、相続人に求償請求できるか、また保証債務を弁済しない方法はないか

Q51 主債務者が死亡した場合、相続人に求償請求できるか、また保証債務を弁済しない方法はないか

> 　私は、20年前、父ＡがＢ銀行から借りた1000万円の保証人になりました。10年前、父Ａを含む家族と絶縁状態になりましたが、最近、Ｂ銀行から督促を受け、私が残金100万円を弁済しました。しかし、父Ａが６年前に死亡していたことが判明しました。相続人は、私、母Ｃ、弟Ｄです。支払った100万円を他の家族に請求できますか。
>
> 　また、私が残金100万円を弁済せずにすむ方法はあったのでしょうか。その場合の注意点も教えてください。

▶ ▶ ▶ Point

① 　相続人は相続によって権利だけでなく義務も承継します。

② 　相続人の範囲は戸籍で確認しましょう。

③ 　金銭債務等の可分債務は相続分に応じて当然分割することを理解しましょう。

④ 　相続放棄の申述の有無を家庭裁判所で確認しましょう。

⑤ 　主債務・保証債務が時効消滅する場合の取扱いを確認しましょう。

1 主債務者の相続人に対する求償権

　人の死亡によって相続が開始し（民法882条）、相続人は、相続開始の時から、被相続人の財産に属する一切の権利義務を承継します（民法896条）。相続人は権利だけでなく義務も承継しますが、この義務には当然ながら貸金返還債務も含まれます。したがって、Ｂ銀行に対する残金100万円の貸金返還債務は、父Ａの死亡によって相続人が承継します。なお、あなたは、父Ａの相続によって、主債務者としての地位を承継し、Ｂ銀行との関係では、主債

189

第6章　保証人の弁済・求償をめぐるトラブル

務者兼保証人という二重の地位を有することになります。

　また、保証人が主債務者に代わって貸主に弁済したときは、保証人は主債務者に対して求償権を取得します。あなたは、主債務者である父Ａの相続人に代わってＢ銀行に100万円を弁済したので、相続人に対して100万円の求償権を取得します。もっとも、あなたは、主債務者兼保証人という二重の地位を有し、求償権と求償債務が同一人に帰属したため、その分は混同により消滅します（民法520条本文）。

2 相続人の範囲

　誰が相続人となるかについては、民法に規定されています（民法886条以下）。通常は、死亡した人の配偶者、子、両親、兄弟姉妹などが相続人となります。相続人の範囲を確定するには、死亡した人の現在の戸籍からさかのぼり、出生から死亡までの連続した戸籍（除籍や改製原戸籍なども含みます）を確認する必要があります。設問の事案でも、父Ａの相続人を確定するため、戸籍等の確認を行う必要があります。実際には、本籍地の市町村役場に戸籍謄本、除籍謄本、改製原戸籍謄本などの交付申請をすることになります。以下では、このような戸籍確認により、設問の事案の相続人が、母Ｃ、あなたおよび弟Ｄの３人であることが確定したことを前提に説明します。

3 相続分

　金銭債務等の可分債務については、各相続人の相続分に応じて、当然に分割承継されるというのが判例の立場です（最判昭和34年６月19日民集13巻６号757頁）。ここでいう「相続分」とは、債権者との関係では、法定相続分（民法900条）を指すことになると思われますが（最判平成21年３月24日民集63巻３号427頁参照）、法定相続分は、母Ｃが２分の１、あなたと弟Ｄが各４分の１ずつとなりますから、相続によって、母Ｃが50万円、あなたと弟Ｄが各25万円ずつＢ銀行に対する貸金返還債務を承継することになります。あなた

190

は、保証人として主債務者に代わって100万円を弁済したため、母Cに50万円を、弟Dに25万円を求償することができます。なお、前述のとおり、あなた自身に対する25万円の求償権は、混同により消滅します。

④ 相続放棄があった場合

しかし、相続放棄があった場合には、注意が必要です。相続放棄は、原則として、自己のために相続の開始があったことを知った時から3カ月以内に、家庭裁判所に対して相続放棄の申述をしなければいけません（民法915条1項・938条）。相続放棄をした人は、はじめから相続人とならなかったものとみなされ（民法939条）、債務も承継しません。したがって、設問の事案で、母Cと弟Dがともに相続放棄した場合には、両者ともはじめから相続人ではなかったとみなされますから、父Aの相続人はあなただけとなり、あなたは母Cや弟Dに求償することができなくなります。これとは異なり、母Cのみが相続放棄をした場合には、あなたと弟Dの法定相続分は各2分の1ずつになりますから、あなたは50万円を弟Dに求償することができます。この場合、残りの50万円の求償権については、混同により消滅します。相続放棄の申述の有無については、家庭裁判所で調べることができます。

⑤ その他の諸問題——消滅時効関連

(1) 消滅時効の可能性

設問の事案では、すでに主債務および保証債務ともに消滅時効が完成しており、あなたは、主債務および保証債務について消滅時効を援用することで、B銀行に対する100万円の弁済を免れることができたように思われます。

(2) 保証人が一部弁済した場合

設問の事案の前提を少し変えて、あなただけが父Aの相続人であり、かつ、あなたが保証債務として支払ったのが100万円全額ではなく50万円だったとした場合、B銀行による残金50万円の請求に対し、あなたは主債務の消

第6章　保証人の弁済・求償をめぐるトラブル

減時効を援用できるでしょうか。保証人が主債務を相続したことを知りながら保証債務の弁済をした場合、その弁済は、特段の事情のない限り、主債務者による承認として当該主債務の消滅時効を中断（2017年改正民法では時効の更新を意味します）する効力を有するとの判例があります（最判平成25年9月13日判タ1397号92頁）。しかし、設問の事案では、あなたは、父Aと絶縁状態であり、主債務を相続したことを知りませんでしたので、この判例の射程は及ばないと考えられます。主債務の承認というには、保証人が主債務の存在のみならず主債務が自己に帰属していること（主債務を相続したこと）を知っている必要があり、主債務を相続したことを知らない保証人が保証債務を弁済したとしても、保証人であるあなたは主債務について消滅時効を援用できることとなります。

(3)　他の保証人が存在する場合

次に、設問の事案において、あなたのほかに保証人が存在した場合、あなたは他の保証人に対し求償権を行使できるか、保証債務について消滅時効が完成していたことから問題となります。保証人が、他の保証人がいることを知りながら、その者に通知をしないで保証債務を弁済した場合、他の保証人は、債権者に対抗することができた事由（保証債務の消滅時効の完成）をもって、その負担部分について、弁済をした保証人に対抗することができます（民法465条1項・443条1項。Q50を参照）。

したがって、あなたが事前の通知をしなかった場合、他の保証人に求償できないため注意が必要です。

Q52 保証債務の一部を弁済した場合、債権者が申し立てた抵当権の競売手続に参加できるか

Q52 保証債務の一部を弁済した場合、債権者が申し立てた抵当権の競売手続に参加できるか

　私は、ＡがＢ銀行から借りた2000万円の保証人になりました。Ａは担保として、Ａの不動産甲に抵当権を設定しました。借入残高が1000万円になった頃、Ａが返済を滞るようになり、私がＢ銀行に500万円を弁済しました。Ｂ銀行は、残金500万円について、競売を申し立てましたが、私も競売に参加できますか。

▶ ▶ ▶ Point

① 　債権者が競売の申立てをしていれば、あなたも競売に参加することができます。

② 　ただし、競売における配当は債権者が優先します。

1 「一部」弁済による代位

　保証人が主たる債務者に代わって弁済をしたときは、その保証人は、主たる債務者に対して求償権を取得します（民法459条）。この求償権を確保するため、主たる債務者に代わって弁済をした者は、債権の効力および担保として債権者が有していた一切の権利を行使することができ（民法501条1項）、これを「弁済による代位」といいます。弁済をした保証人は、債権者が有していた担保権（たとえば、抵当権）を行使することにより、求償権の満足を図ることができます。

　もっとも、保証人が残金の「一部」を主たる債務者に代わって弁済したにすぎない場合は、問題状況が少し異なります。この場合、債権者も残金について抵当権を有することになりますから、一部弁済をした保証人と債権者の権利関係を調整する必要が出てくるからです。ここでは、①一部弁済をした

193

第6章　保証人の弁済・求償をめぐるトラブル

保証人が債権者の同意なく、単独で抵当権を実行できるか、②抵当権が実行
された場合の配当の優先関係はどうなるか、という2つの問題があります。

2 ①債権者の同意の有無

(1) 2017年改正前民法下の判例──債権者の同意不要

2017年改正前民法下における古い判例では、一部代位者は単独で抵当権を
実行することができるとされていました（大決昭和6年4月7日民集10巻535
頁）。しかし、この判例の結論に対して、代位者が単独で抵当権を実行する
ことができるとすると、本来の権利者である債権者が換価時期を選択する利
益を奪われることになるが、代位制度は債権者や第三者を害しないことを理
由として認められているものであり、代位による求償権の確保はその限度で
のみ認められるべきであるとの強い批判がありました。

(2) 2017年改正民法──債権者の同意が必要

そのため、2017年改正民法では上記判例を改め、債権の一部について代位
弁済があったときは、代位者は、債権者の同意を得て、その弁済をした価額
に応じて、債権者とともにその権利を行使することができると規定されまし
た（民法502条1項）。旧民法にはなかった「債権者の同意を得て」との文言
を追加し、一部代位者による単独での権利行為を認めないことを明らかにし
たのです。他方で、債権者は、一部弁済がなされても、単独で権利行使する
ことができます（民法502条2項）。したがって、一部代位者としては、債権
者の担保権の実行を待ったうえで、債権者の同意を得て自らも担保権実行の
申立てを行うか（二重開始決定。民事執行法47条1項）、配当要求（他人が申し
立てた競売手続に参加して自分にも配当するよう求める意思表示。同法51条1項）
を行うことになります。ちなみに、配当要求の場合、他人が申し立てた競売
手続が取り下げられたり、取り消されたりしたときは、配当要求をした者も
配当を受けられなくなりますが、二重開始決定の場合、自分が申し立てた競
売手続によって続行されます（同法47条2項）。

194

Q52　保証債務の一部を弁済した場合、債権者が申し立てた抵当権の競売手続に参加できるか

設問の事案では、Ｂ銀行が抵当権に基づく競売を申し立てていますので、あなたは自身も抵当権実行の申立てを行うか、配当要求を行うことにより、競売手続に参加することができます。

３　②抵当権が実行された場合の配当の優先関係

次に、Ｂ銀行が実行した抵当権に基づく競売手続において、不動産甲が700万円で売却された場合、あなたがこの売却代金からいくら回収できるか検討してみます。

2017年改正前民法のもとでは、抵当権が実行された場合の配当の優先関係については解釈に委ねられており、債権者の残存債権額と一部代位者の代位弁済額の比率で按分して配当を受けるとする考え方（按分比例説）と債権者が優先して配当を受けるとする考え方（債権者優先説）が対立していましたが、判例は抵当権の実行による売却代金の配当については債権者が優先するとの立場でした（最判昭和60年５月23日民集39巻４号940頁）。

2017年改正民法では、一部弁済による代位の場合に債権者が行使する権利は、その債権の担保の目的となっている財産の売却代金その他その権利の行使によって得られる金銭について、代位者が行使する権利に優先すると定められ（民法502条３項）、抵当権以外の権利行使の場合にも一般化して債権者が優先することが明文化されました。弁済による代位は求償権を確保するための制度であり、そのために債権者が不利益を被ることを予定するものではなく、担保の目的物から得られる売却代金等についても債権者を害する理由はないとの考え方からすれば、妥当と考えます。

設問の事案では、不動産甲の売却代金700万円について、債権者であるＢ銀行が500万円、あなたが残りの200万円の配当を受けることになります。

第6章　保証人の弁済・求償をめぐるトラブル

Q53　求償権は時効消滅するか、時効消滅する場合、時効期間はどのようになるか

　私は、6年前、友人AがB銀行から借りた100万円の保証人になりました。1年後に返済するとの約束でしたがAは返済をしませんでした。それから半年後、私は、B銀行から督促を受け、保証人として100万円を支払いました。私は、Aに対し、100万円を請求しようと考えていますが、Aからは時効だから諦めてくれと言われました。私はAに請求できないのでしょうか。

▶ ▶ ▶ Point

① 求償権にも消滅時効の規定の適用があります。

② 求償権の場合、通常、弁済をした時から5年で消滅時効が完成します。

1　求償権の時効期間

　保証人が主たる債務者に代わって弁済をしたときは、その保証人は、主たる債務者に対して求償権を取得します（民法459条）。この求償権にも消滅時効の規定の適用があります（消滅時効については、Q42も参照）。

　消滅時効について、2017年改正前民法では、一般の民事債権は10年（旧民法167条）、商行為によって生じた債権は5年（商法522条）で時効期間が完成するとされていました。しかし、消滅時効の規定に関する民法の改正が2017年にあり、両者の区別なく、権利を行使できることを知った時（主観的起算点）から5年、権利を行使できる時（客観的起算点）から10年で、時効期間が完成することになりました（民法166条1項）。主観的起算点は債権者の現実的な権利行使の機会を確保する趣旨で設けられており、「権利を行使できることを知った時」とは、債権者がその債権の発生と履行期の到来を現実に

196

認識した時をいうと考えられます。また、債権とは、特定の人（債務者）に対して特定の給付を請求することができる権利であるため、「権利を行使できることを知った時」には、債務者を知ることも含まれていると考えられます。客観的起算点の「権利を行使することができる時」については、2017年改正前民法において、権利行使についての法律上の障害がなくなった時とする見解と、権利行使が事実上期待可能となった時とする見解の対立がありましたが、現在も解釈に委ねられています。なお、2017年民法改正にあわせて、商法522条の5年の消滅時効も廃止されました。このような改正がなされたのは、民法の10年の時効期間と商法の5年の時効期間の適用関係が明確ではなく、いずれの時効期間が適用されるのかの判断が必ずしも容易でないことや、商法522条の適用を受ける債権と受けない債権との時効期間の差異を合理的に説明することが困難な事案が生じていることから、時効期間を統一する必要性があると考えられたためです。

　したがって、求償権の場合にも、民法166条1項が適用され、権利を行使できることを知った時から5年、権利を行使できる時から10年で、時効期間が完成することになります。なお、保証人が代位弁済により取得する原債権は、求償権を確保するための付従的なものであるから、原債権の消滅時効が完成しても、求償権の行使は可能です。

2 求償権の時効期間の起算点

(1) 事前求償権と事後求償権の性質

　それでは、求償権の場合、民法166条1項の「権利を行使できる」時とは、いつのことを指すのでしょうか。これは、事前求償権と事後求償権の性質をどのように理解するかによって結論が変わります。

　事前求償権とは、主債務が弁済期にあるとき等、委託を受けた保証人が主債務の弁済等の債務の消滅行為をしなければならないことが確実と認められる事由が生じた場合に、保証人の利益保護のため、保証人が主債務者に対

第6章　保証人の弁済・求償をめぐるトラブル

し、事前に求償できる権利です（民法460条）。これに対し、事後求償権とは、保証人が主債務者に代わって弁済等の債務の消滅行為をしたときに、保証人が主債務者に対し、事後に求償できる権利です（民法459条）。そして、この事前求償権と事後求償権の関係について、委託を受けた保証人の求償権は、委託に基づいて保証したという事実から生じる1つの権利であるとする一元説の立場と、事後求償権と事前求償権は、別個の権利であるとする二元説の立場があります。

　一元説の立場によれば、事前求償権も事後求償権も同一の権利ということになるので、「権利を行使できる」時とは、事前求償権の発生時（たとえば、主債務の弁済期）になるという結論になります。これに対し、二元説の立場によれば、両者は別個の権利と考えるため、「権利を行使できる」時は、事前求償権については、事前求償権の発生時、事後求償権については、事後求償権の発生時（債務の消滅行為の時）という結論になります。

(2)　Aの主張は一元説

　設問の事案におけるAの主張は、一元説の立場を採用したもので、主債務の弁済期（事前求償権の発生時）から5年が経過しており、あなたもそのことを知っていたことから、主観的起算点から5年の消滅時効が完成しているとするものと考えることができます。

(3)　判例の立場は二元説

　しかし、2017年改正前民法のもとでの判例ですが、事前求償権と事後求償権は、その発生要件を異にする等の理由から、両者は別個の権利であり、主たる債務者から委託を受けて保証をした保証人が、主たる債務者に対し、事前求償権を取得した場合であっても、保証人が、弁済等の債務の消滅行為をしたことにより取得する事後求償権の消滅時効は、その債務の消滅行為をした時から進行する旨を判示したものがあります（最判昭和60年2月12日民集39巻1号89頁）。この判例は、二元説の立場を採用したものですが、事前求償権と事後求償権の関係については、2017年改正民法でも実質的な変更はな

198

く、この判例の考え方は、現在でも変更がないものと考えられます。

(4) 設問の検討

したがって、設問では、二元説を前提に考えると、あなたがB銀行に100万円を支払った、すなわち事後求償権が発生したのは、4年半前ですから、民法166条1項1号の5年の時効期間は完成しておらず、あなたは、Aに対し、100万円を請求できると考えられます。なお、事後求償権の場合、通常は、保証債務の消滅行為をした時において、保証人は事後求償権の発生とその履行期の到来を現実に認識していることから、客観的起算点と主観的起算点は一致し、主観的起算点から5年の時効期間が問題となることが多いと考えられます。

第6章　保証人の弁済・求償をめぐるトラブル

Q54　保証人が複数存在する場合、負担割合はどうなるか、債務全額を支払わなければならないか

> 　私は、AがB銀行から1000万円を借り入れる際、Cと一緒に連帯保証人になりました。ところが、Aが夜逃げをしてしまい、B銀行から私に全額の請求がきています。私は全額を支払わなければならないのでしょうか。Cとの関係はどうなりますか。Cから、「自分も保証人になるから、あなたには絶対に迷惑をかけない」と言われていた場合はどうですか。

▶ ▶ ▶ Point

① 　あなたはB銀行に対し請求額全額を支払わなければなりません。

② 　あなたとCの負担割合については、Cの発言だけでなく、諸事情を考慮して判断する必要があります。

③ 　Cに対しては、B銀行に支払った金額について、あなたの負担部分の額を超える金額などを請求できます。

1 　保証人の種類とその特質

　保証人には連帯保証人と単なる保証人の2種類があります。貸主が金融機関等の専門業者である場合には、ほとんど連帯保証人とされていますが、それ以外、たとえば個人的な付き合いでの貸し借りの場合には、単なる保証人となっていることもあります。

　単なる保証人は、端的にいえば、借主に返済できる資力がない場合に限って責任を負えばよいことになっています。したがって、貸主が保証人に支払いを求めてきたとしても、まずは借主本人へ請求するよう求めることができますし（催告の抗弁権。民法452条）、借主に十分な資力があることを証明すれ

200

Q54　保証人が複数存在する場合、負担割合はどうなるか、債務全額を支払わなければならないか

ば支払いを免れることもできます（検索の抗弁権。民法453条）。これを、保証債務の補充性といいます

　他方、連帯保証人は、補充性がなく、催告・検索の抗弁権を有しません（民法454条）。したがって、貸主との関係においては、借主本人と全く同じ責任を負い、「まずは借主本人に請求すべきだ」とはいえないことになります。

　設問の事案のように、数人の保証人がいる場合、原則として、貸主に対しては、主債務の額を平等の割合で分割した額についてのみ保証債務を負担すればよく（民法456条）、これを、分別の利益といいます。しかし、連帯保証人は、借主と連帯して全額を弁済すべき義務を負っていますので、この分別の利益は認められません。なお、独立行政法人日本学生支援機構では、保証人に対し、主債務全額を請求する取扱いもしているようですが、その請求の当否は別にしても、分別の利益に基づく負担部分を超える弁済をする必要はありません。

2　B銀行・Cとの関係

⑴　B銀行との関係

　あなたは、連帯保証人ですから、B銀行との関係では、請求額全額を支払う責任を負っています。したがって、B銀行に対し、請求額全額を支払わなければなりません。

⑵　Cとの関係

　あなたがB銀行に全額を支払った場合には、Cとの間でその負担をどのようにするかの問題が生じます。

　この点について裁判例は、連帯債務の場合において、各連帯債務者間の内部負担の割合は、①当事者間に合意があればその合意により、②合意がない場合には各自の受益の割合により定まり、③その割合も明らかでない場合には各自平等の割合で負担することとなるとしており（大判大正5年6月3日

第6章　保証人の弁済・求償をめぐるトラブル

民録22輯1132頁）、このことは、複数の連帯保証人間の場合においても同様に考えるべきとしています（大阪地判平成元年5月30日判タ725号168頁）。①当事者間の合意については、誰が何％を負担するという明確な合意があった場合のほか、保証人相互間の事情（借主との関係、借入れによって受ける利益の程度、保証人となった経緯など）から黙示の合意の存在が認められる場合があります。

　設問の事案の場合、負担割合について別段の合意がなく、借入れにより受ける利益の程度も明らかでない場合には、あなたもＣも2分の1ずつ負担することになります。他方、設問にあるように、Ｃから「あなたには絶対に迷惑をかけない」と言われていた場合には、Ｃが全額を負担しあなたに負担部分はないとする意思表示ともとれますが、Ｃの覚悟を表したにすぎないとも考えられ、いずれであるかはっきりしません。したがって、Ｃの発言のみでなく、ＣとＡとの関係、Ａの借入れによってＣが利益を受ける程度などとあわせて、負担割合の合意の有無について判断することになります。そのような事態とならないよう、保証契約を締結する際には、内部の負担割合についても、きちんと書面で合意しておくことをお勧めします。

③　Ｃに対して請求することができる金額

　Ｂ銀行の請求に応じて支払った場合、あなたは、Ｃに次の金額を請求することができます（これを、求償権の行使といいます）。

　①　Ｂ銀行に支払った金額について、あなたの負担部分の額を超える金額

　②　①の金額について、支払った日以後の法定利息

　③　Ｂ銀行に支払うために避けることのできなかった費用（たとえば、弁済資金を調達するために必要だった抵当権設定費用など）

Q55　保証人の中に破産手続開始決定を受ける等、資力のない保証人がいる場合、負担割合はどうなるか

Q55 保証人の中に破産手続開始決定を受ける等、資力のない保証人がいる場合、負担割合はどうなるか

　　AがB銀行から1000万円を借り入れる際、私とC・Dの3名が連帯保証人になりました。ところが、Aが破産したため、私が残金の600万円を支払いました。CとDに請求しようと思ったのですが、Dも破産手続開始決定を受けているそうです。Cも3分の1の200万円なら支払うと言っています。それ以上はCに請求できないのでしょうか。

▶▶▶ Point
① あなたはCに対して300万円の求償が可能です。
② Dから償還を受けることができないことについてあなたに落ち度がある場合には、Cに対して200万円の求償しかできません。

1 複数の保証人のうち一人が破産した場合の民法の規定

　連帯保証人相互間の負担割合について、別段の合意がなく、借入れにより受ける利益の程度も明らかでない場合には、平等に頭割りにすることになります（詳細はQ54を参照。なお、保証人の主債務者に対する求償については、Q48を参照）。つまり、設問の事案では、あなたの弁済額600万円について、あなたとC・Dで3分の1の200万円ずつ負担することになります。

　ところが、Dも破産手続開始決定を受けており、資力がないとのことです。このような場合にも、あなたはCに3分の1の200万円しか求償できないとすると、結局あなたが400万円、Cが200万円を負担することになり、公平に反することになってしまいます。

　そこで、民法はこのような場合に、Dの負担部分について、求償権を主張

203

第6章　保証人の弁済・求償をめぐるトラブル

するあなたと他の資力のあるＣとの間で、その負担割合に応じて分担せよと定めています（民法465条1項・444条1項）。あなたとＣとの負担割合は同じですから、本来Ｄが負担すべきであった200万円をあなたとＣとで半分ずつ、つまり100万円ずつ負担することになります。ですから、結局、あなたはＣに対して、300万円の求償権をもつことになります。

② 分担を主張できない場合

ただし、例外的に、「償還を受けることができないことについて求償者に過失があるとき」は、求償することができません（民法465条1項・444条3項）。ここでいう過失とは、要するにあなたの落ち度のことであり、たとえば、あなたがＢ銀行に弁済した時点で直ちにＣとＤに求償すればよかったのにしばらく放置してしまい、その間にＤが資力を失って破産手続開始決定を受けたというような場合です。特に、Ｃが自分の負担割合についてあなたの求償に応じ、もう終わったと思った頃になって、「Ｄが資力を失ったからＣにも負担してくれ」というのはＣにとって酷であり認められません。Ｄに求償できるのはＢ銀行に支払ったあなただけであり、Ｃとしては自分の責任を果たしたのに、あなたのミスでＤの負担部分についてさらに請求されることになってしまうからです。ですから、連帯保証人として債権者に支払い、他の連帯保証人に求償しようとするときには早急にその手続を講じておくことが大切です。

③ 2017年改正民法における明文化

なお、設問の事案とは異なり、本来Ｄだけが全部を負担し、あなたもＣも負担部分はゼロとするという約束があったのにＤが破産してしまったという場合について、2017年改正民法では、これまでの判例・通説に従い、あなたとＣで平等にＤの負担部分を負担する、つまりあなたとＣで半分ずつ負担するということが明文化されました（民法465条1項・444条2項）。

204

Q56 他の連帯保証人が死亡した場合、その相続人に対して求償請求できるか

Q56 他の連帯保証人が死亡した場合、その相続人に対して求償請求できるか

　　AがB銀行から3000万円を借り入れる際、私とCが連帯保証人になりました。ところが、Aは、破産手続開始決定を受けたので、私がB銀行に残額2000万円を支払い、Cに半分請求しようとした矢先にCが死亡してしまいました。Cの相続人は、妻Dと長男Eのようです。この2人から求償分を回収することはできるでしょうか。

▶ ▶ ▶ Point

① 　DとEが相続放棄した場合は請求できません。

② 　DとEが相続した場合は、DとEの法定相続分に応じた金額（設問ではそれぞれ500万円）が請求できます。

1 相続人に対する請求の可否

　あなたは保証債務を履行したのですから、他の連帯保証人であるCに対しその負担割合に応じて求償できるところ、そのCが死亡してしまった場合、Cの求償債務はどうなるのでしょうか。

　この点、相続人は被相続人に属した一切の権利義務を承継しますから（民法896条）、DとEがCを相続すれば、Cのあなたに対する求償債務も承継することになります（なお、相続人の範囲の確定については、Q51を参照）。したがって、この場合には、DとEに対して請求可能です。

　もっとも、Cに資産がなく、この求償債務のほかにも借入れがあるなど、負債ばかりが多いときには、DとEが相続放棄することも十分に考えられます。この場合には、DとEに対する請求はできません。以下、詳しく説明します。

205

第6章　保証人の弁済・求償をめぐるトラブル

2　DとEが相続放棄した場合

　DとEは、「自己のために相続の開始があったことを知った時」（設問の事案では、Cの死亡）から原則として3カ月以内に相続するかしないかを選択でき（民法915条1項）、相続放棄をする場合には、この3カ月の間に、相続が開始した地（Cの最後の住所地）を管轄する家庭裁判所にて手続をする必要があります（民法938条）。DとEが相続放棄の手続をしたか否かについて、あなたは債権者の立場で、同管轄家庭裁判所に対し照会することができます。

　DとEが相続放棄した場合には、DとEにはCの代わりに支払う義務はありませんから、あなたは、DとEに対して求償権を請求できません。

3　DとEが相続した場合

　DとEが、相続開始の時から3カ月の間に相続放棄をしないときは相続（単純承認）したものとみなされます（民法921条2号）。Cが居住用の不動産を所有していたような場合には、負債があったとしても、DとEが相続放棄をしないことも考えられます。

　また、DとEが、Cの有していた債権を取り立てて受領したなど相続財産を処分した場合や、相続放棄の手続をしながら密かに相続財産を費消した場合にも、相続したものとみなされます（民法921条1号・3号）。

　DとEが相続した場合には、Cの求償債務も相続しますから、あなたは2人に対して求償権を請求できることになります。その場合の求償額ですが、DとEは、法定相続分の限度で債務を負担し、相続人間で連帯することはありません（民法899条。最判昭和34年6月19日民集13巻6号757頁。ただし、連帯債務に関するもの）。すなわち、あなたは、DにもEにも1000万円を支払えといえるのではなく、DとEの相続分に応じた金額、つまり設問ではDとEはそれぞれ2分の1の割合で相続しますから、Dに500万円、Eに500万円の限

206

度で請求をすることができるだけです。仮に、Dに資力がなく、Eには資力があった場合でも、あなたがEに請求できるのは500万円だけであることに変わりはありません。

なお、遺産分割協議において、DとEのいずれかが求償債務をすべて相続し、他方は債務を免れるとした場合であっても、求償債務を免れるとされたほうに求償を請求することができます。

4 早めにDとEに連絡しましょう

Cは、自分が保証人となっていることについて、DとEに話しておらず、DとEが保証（求償）債務の存在自体を知らない可能性も十分にあります。すでに説明したとおり、相続放棄の期限は、「自己のために相続の開始があったことを知った時」から3カ月間ですが、3カ月以上経ってから多額の債務が判明した場合には、例外的に、そのときから3カ月以内に放棄手続をとることが認められる場合もあります。

あなたとしては、DとEがCの求償債務について知っているか、そして、支払いの意思があるのか確認をするためにも、DとEに対して、求償債務1000万円の支払いを求める旨の配達証明付き内容証明郵便を早めに出しておいたほうがよいでしょう。

第7章

救済に向けた相談・法的手続

第7章 救済に向けた相談・法的手続

Q57 借金があり保証債務の弁済が困難なため、債務を整理したいが、どのような方法があるか

　私は、母の借金を保証しましたが、その後、母が破産してしまい、私は金融機関から督促を受けています。私には自分の借金もあり、保証債務の支払いをすることが困難ですので、破産するなどして債務を整理したいと考えています。保証人が債務を整理する方法としては、どのようなものがありますか。

▶ ▶ ▶ Point
・任意整理手続、自己破産手続、個人再生手続、特定調停があります。

1 任意整理手続（純粋な私的整理）

　任意整理手続とは、破産法、民事再生法、会社更生法等の法的倒産処理手続によらずに、債権者との話合いにより返済計画を定め、その返済計画に従って債務を弁済することにより債務を整理する方法をいいます。

　任意整理手続のメリットとしては、複数の債権者を一括して行う必要がなく、特定の債権者を相手方として行うことができる（保証人が事業を行っている場合には、取引先を債務整理の対象から除外できる）こと、また、裁判所の手続を利用しないため、債務整理に要する費用が低廉であることがあげられます。他方で、デメリットとしては、債権者の同意が得られなければ債務を整理できないことがあげられます。

2 自己破産手続

　自己破産手続は、債務者がすべての債権者に対して債務を返済することができず、今後も返済のめどが立たない場合において、裁判所が債務者からの

210

申立てを受けて破産手続開始の決定をし、裁判所から選任された破産管財人が債務者の財産を管理、換価して債権者に分配することにより、債務者の財産を清算する手続です。債務者が法人ではなく個人である場合には、破産手続の終了後に免責手続が行われ、この手続で裁判所から免責を許可する旨の決定が下されると、債務者は、税金などの一定の債務を除き、破産手続開始決定のときに負担していた債務を支払わずにすむことになります。

　自己破産手続のメリットとしては、このように、破産手続の終了後、債務の返済をする必要がなくなることがあげられます。他方で、デメリットとしては、原則として、手元にある財産（たとえば自宅土地建物）を処分しなければならないこと等があげられます（詳細はＱ58を参照）。

③　個人再生手続

　個人再生手続とは、民事再生法第13章の規定に従って、個人債務者の返済負担の圧縮と返済計画の立案を支援する手続をいいます。個人再生手続をとるメリットとしては、手元にある財産（たとえば、自宅土地建物など）を処分する必要がないことがあげられます。他方で、デメリットとしては、手続が複雑であることから代理人（弁護士）を立てる必要があり、倒産に要する費用が高額となることがあげられます（詳細はＱ59を参照）。

④　特定調停

　特定調停とは、債権者と債務者が、裁判所において、話合いによって紛争を解決する制度です。特定調停をするメリットとしては、複数の債権者を一括して行う必要がなく、特定の債権者を相手方としてすることができることがあげられます。他方で、デメリットとしては、手続に参加したすべての債権者の同意が得られない場合には、裁判所が事件の解決のために必要な決定（特定調停法22条、民事調停法17条）をしない限り、債務を整理できないことがあげられます（詳細はＱ60を参照）。

第7章　救済に向けた相談・法的手続

┌─ コラム⑧　保証人が訴訟を起こされた場合の対応 ─

　保証債務の支払いを求める裁判を提起されたときは、弁護士に依頼したほうがよいと思いますが、ここでは自分で対応する場合を念頭にアドバイスします。

1　主債務者と一緒に訴えられた場合

　一緒に訴えられても、主債務者と保証人は別々に判断されます。したがって、主債務者に任せておけば大丈夫だと考え、裁判所に出頭しないとそれだけで敗訴になってしまうことがあります。必ず裁判所に出頭して自分の言い分を裁判官に述べてください。主債務者から、自分のほうで適当にやっておくので裁判所に来なくてもよいと言われても、その言葉に従ってはいけません。

　そして、裁判所での主債務者の言い分を聞いたり、主債務者が裁判所に提出した書類をもらったうえで、保証人に有利な事実を主張している場合は、自分も同じことを主張する旨を裁判官に伝えてください。

2　保証人が単独で訴えられた場合の対応

　まずは、主債務者に連絡して、主債務者も訴えられているか確認をしてください。訴えられている場合は、その裁判と一緒に進めてほしいと裁判所に希望を出してください（これを「併合審理を求める」といいます）。そのうえで必ず裁判所に出頭して、上記(1)に記載したことを実行してください。

　もし、主債務者に対して裁判が出されていない場合は、主債務者から事情を聞いたり必要な証拠をもらって、裁判所に証拠として提出してください。主債務者がすでに支払っており、保証人の債務がなくなっていることもあります。

　主債務者が協力的でなかったときは、「訴訟告知」（民事訴訟法53条）という制度を利用して、主債務者を裁判に引きずり込むことができます（もっともこのような場合は、弁護士に依頼したほうがよいでしょう）。

3　保証人敗訴後に主債務者が勝訴した場合

　主債務者と連絡をとることができないまま保証人が敗訴して確定してしまうことがあります。その後、債権者が主債務者も訴えたところ、実際には債務は消滅していたとして主債務者が勝訴することがあります。

　常識的には、主債務者に債務がないことが確定したので、敗訴した保証人も保証債務が消滅するように思いますが、上記(1)で述べたように主債務者と保証人の裁判は別々なので、すでに敗訴している保証人の責任はなくなりません。保証人は自分の裁判で主張すべきは主張しないといけないのです。

212

Q58 自己破産手続とはどのようなものか

Q58 自己破産手続とはどのようなものか

> 私は、弟の経営する会社が金融機関から700万円の借金をする際、弟とともにその保証人となりました。ところが、弟の会社と弟が自己破産の申立てをしてしまったため、金融機関から私のもとへ700万円の一括払いを求める催告書が届きました。私も自己破産をしたいのですが、自己破産とはどのような手続なのでしょうか。

▶ ▶ ▶ Point
① 自己破産とは債務者の財産を清算する手続です。
② 債務を免れるためには裁判所の免責許可決定が必要です。

1 自己破産手続とは

　自己破産手続は、債務者がすべての債権者に対して債務を返済することができず、今後も返済のめどが立たない場合において、裁判所が債務者からの申立てを受けて破産手続開始の決定をし、裁判所から選任された破産管財人が債務者の財産を管理、換価して債権者に分配することにより、債務者の財産を清算する手続です。債務者が法人ではなく個人である場合には、破産手続の終了後に免責手続が行われ、この手続で裁判所から免責を許可する旨の決定が下されると、債務者は破産手続開始決定の時に負担していた債務を支払わずにすむことになります（ただし、支払いをしなければならない債務もあります。下記⑥を参照）。

　債務者が、破産手続開始決定の時に不動産やまとまった預金などの財産を有している場合には、これらを処分しなければなりません。この処分の手続は裁判所から選任された破産管財人（弁護士が選任されます）が行うことに

213

第7章 救済に向けた相談・法的手続

なります。これに対し、債務者にめぼしい財産がない場合等には、破産管財
人を選任する費用を捻出することができませんので、破産手続開始と同時に
破産手続を終了させ（これを「同時廃止」といいます）、免責手続に移行しま
す。同時廃止の場合、破産者は、保険や預貯金口座の解約をすることなく債
務を免れることができます。

2 債務の把握

破産手続は、債務の総額を返済できない場合に行うものですので、破産の
申立てに先立ち、すべての債務を把握する必要があります。借金や保証債務
に限らず、滞納している税金や社会保険料、水道光熱費も債務に含まれま
す。債務を把握する段階で、たとえば貸金業者からの借入れについて利息制
限法1条所定の利率で引直し計算をすると過払金が発生していたり、債務が
時効により消滅していたりして、破産をする必要がないこともあります。

3 財産の管理および処分

債務者が破産の申立てをし、裁判所から破産手続開始の決定が下される
と、債務者は、破産手続上は破産者と呼ばれることになります。破産者が破
産手続開始決定の時に有していた財産は破産財団といわれ（破産法34条1
項）、原則として破産管財人が管理処分することになります（同法78条1
項）。したがって、破産者は破産手続開始決定の時に有していた財産を処分
することはできなくなります。たとえば、破産者が破産手続開始決定前か
ら、冠婚葬祭費の積立てをしていた場合、破産手続開始決定後に積立金を使
うことはできなくなります。

破産者が破産手続開始決定の時に有していた財産であっても、民事執行法
やその他の特別法に基づく差押禁止財産（たとえば、生活に欠くことのできな
い衣服、寝具、家具等。民事執行法131条1号）および99万円以下の金銭（現
金）は自由財産といい、自由に使うことができます。また、これらの財産で

214

なくても、裁判所が自由財産の拡張を認めた財産は手元に残すことができます。たとえば、10万円の預金がある場合に、自由財産の拡張が認められると、その口座は破産管財人に解約されることなく、破産者において引き続き使用することが認められます。

また、破産手続開始決定後に取得した財産は破産財団に帰属しませんので、破産者はこれを自由に使うことができます。たとえば、破産手続開始決定後に得た給料などがこれにあたります。

4 不動産がある場合

破産者が破産手続開始決定時に不動産を所有している場合、破産管財人が不動産を管理し、売却することになります。したがって、自宅土地建物を所有している場合には、自宅を明け渡す必要があります。また、破産者が住宅ローンを利用している場合には、住宅ローンの貸主である金融機関が抵当権を有していますので、競売される可能性もあります。自宅を残したい場合には個人再生手続を利用することが考えられます（詳細はＱ59を参照）。

5 預貯金がある場合

破産者が破産手続開始決定時に有している預貯金については、破産管財人が口座を解約するのが原則ですが、前述のように自由財産の拡張が認められれば、解約せずに使用を継続することができます。自由財産の拡張を求める金額が現金と合計して99万円以下である場合には、自由財産の拡張が認められる可能性が高く、預貯金口座を引き続き使用できる可能性が高いです。

6 免責手続

破産手続開始の申立てをすれば必ず債務を免れるというものではなく、免責手続において、裁判所から免責許可決定が下された場合にはじめて債務を免れることができます。裁判所は、免責不許可事由がない場合には免責許可

215

第7章　救済に向けた相談・法的手続

の決定をすることとされています（破産法252条1項）。免責不許可事由には、①債権者を害する目的で破産財団に属すべき財産を隠匿する場合（たとえば、破産せざるを得ないことがわかり不動産の名義を親族に移転したような場合）、②破産手続の開始を遅延させる目的で、信用取引により商品を買い入れてこれを著しく不利益な条件で処分した場合（たとえば、クレジットカードで電化製品を買ったうえで安い価格で売却した場合）、③借金をした原因がギャンブルなどの浪費であった場合、詐欺的な方法で借入れをした場合（たとえば、借入れの際に他社からの借入れの額や財産状況を偽った場合）、④虚偽の債権者名簿を提出した場合（たとえば、友人から借入れがあるので全額返済したいと思い、友人を債権者名簿にあげなかった場合）、⑤裁判所や破産管財人に対し虚偽の説明をした場合等があります（破産法252条1項各号）。これらの免責不許可事由があったとしても、裁判所が免責をすることが相当であると判断した場合には免責されます（同条2項）。

　免責許可の決定がされた場合であっても、税金、国民年金保険料、国民健康保険料等の国税徴収法または国税徴収の例によって徴収することのできる請求権（「租税等の請求権」といいます。破産法97条4号）、破産者が知りながら債権者名簿に記載しなかった請求権など、破産法253条1項各号に定められた債権については免責されないので注意が必要です。

7 2017年民法改正が与える影響

　破産法には、民法の規定に関連する規定があることから、破産法についても若干の改正がありますが（実質的な変更としては、劣後的破産債権に関する破産法99条1項2号4号、転得者に対する否認権に関する同法170条、転得者の権利に関する同法170条の2・170条の3、否認権の行使期間に関する同法176条などがあります）、これらは破産管財人が処理する問題に関する規定ですので、保証人の方に直接影響があるわけではないと考えられます。

216

Q59 個人再生手続とはどのようなものか

Q59 個人再生手続とはどのようなものか

> 私は、過去に友人の債務を連帯保証し、金融機関から督促を受けて
> います。保証債務の全額を支払うことはできませんので、破産をする
> ことも考えましたが、破産をすると、自宅を売却されてしまうと聞き
> ました。自宅を手放さなくてよい方法として、個人再生手続があると
> 聞きましたが、これはどのような制度なのでしょうか。

▶▶▶ Point
① 個人再生手続は、返済負担を圧縮し返済計画の立案を支援する手続で
　 す。
② 住宅資金特別条項を設けることで自宅の競売を回避できます。

1 個人再生手続とは

　個人再生手続とは、民事再生法第13章の規定に従って、個人債務者の返済
負担の圧縮と返済計画の立案を支援する手続をいいます。

　個人再生手続には2種類あります。1つ目は、サラリーマンや個人事業主
を含めて将来において継続的または反復的して収入を得る見込みがある個人
債務者一般を対象とする小規模個人再生です（民事再生法221条以下）。2つ
目は、そのような個人債務者のうち、サラリーマンのように給与またはこれ
に類する定期的な収入を得る見込みがある者であって、かつ、その額の変動
の幅が小さいと見込まれる個人債務者を対象とする給与所得者等再生です
（同法239条以下）。給与所得者等再生は、小規模個人再生の特則ですので、ま
ずは小規模個人再生手続の大まかな流れをみていきましょう。

217

第7章　救済に向けた相談・法的手続

2　小規模個人再生

　小規模個人再生手続の大まかな流れは次のとおりです。

　債務者が裁判所に対し小規模個人再生手続開始の申立て（民事再生法221条1項・2項・21条1項）をし、再生手続が開始（同法33条1項）されると、債務者は、財産目録および報告書を裁判所に提出します（同法124条・125条）。

　その後、債務者は、債務者または債権者において、届出のあった債権に異議がなければその債権額を、異議はあったものの裁判所から評価を受けた場合にはその債権額を、それぞれ基準として、再生計画案（返済計画）を作成します（同法154条・229条）。再生計画案は、債権者による決議（同法230条1項・6項）および裁判所による認可（同法231条1項）を経る必要があります。裁判所の認可決定が確定すると、債権者の権利は再生計画に定めた一般的基準に従い変更され（同法232条2項）、再生手続が終結します（同法233条）。

　再生手続の終結後、債務者は、債権者に対し、再生計画に定めた方法で返済をします。

3　給与所得者等再生

　これに対し、給与所得者等再生では、前述のように、収入の確実性が必要とされていますし（民事再生法239条1項）、再生計画の不認可要件についても、小規模個人再生における不認可要件に加えて、再生計画認可決定確定等の後7年以内にした申立てであること（同法241条2項6号・239条5項2号）、可処分所得要件（再生計画の弁済期間である3年（最長5年）の間に再生債務者の可処分所得の2年分以上の弁済をすること）を満たさないこと（同法241条2項7号）があげられています。このように、給与所得者等再生では、要件が加重されていますが、その反面、債権者による再生計画案の決議が不要であり、債権者から意見聴取をすれば足りる点に特徴があります（同法240条1項）。

218

Q59 個人再生手続とはどのようなものか

4 破産手続との違い

　破産手続では、破産管財人が選任されると、破産管財人に破産財団（破産手続開始時に存在した財産）の管理処分権が専属します（破産法78条1項）。これに対し、個人再生手続では、債務者に財産の管理処分権が残ります（民事再生法38条1項）。破産手続では、債務者の財産を換価（破産法184条以下）した後、債権者に配当する手続が予定されていますが（同法193条以下）、個人再生手続では、破産手続のように債務者の財産を換価して配当するような手続はありません。債務者は、再生計画を作成し、これに基づき弁済をすればよいのです。したがって、現在有している財産については手元に残すことができます。

5 再生計画

　債務者は、自分に都合のよい再生計画を定めればよいというものではありません。たとえば、小規模個人再生と給与所得者等再生に共通の要件として、民事再生法には、最低弁済額の要件があります（民事再生法241条2項5号・231条2項3号・4号）。すなわち、民事再生法では、異議のない債権の額および異議はあったものの裁判所の評価を受けた債権の額（担保権の行使により弁済を受けることができる額を除きます。これらの債権を「基準債権」といいます）に応じて債務者が行うべき再生計画に基づく弁済の総額（「計画弁済総額」といいます）が定められているのです。具体的には、次のようになります（〈図〉も参照）。

　たとえば、基準債権の総額が3000万円である場合、300万円が最低弁済額となりますし、基準債権の総額が1000万円である場合、その5分の1である200万円が最低弁済額となります。また、基準債権の総額が70万円である場合には、その同額、すなわち70万円が最低弁済額となります。

　このほかにも、小規模個人再生と給与所得者等再生に共通する要件とし

219

〈図〉 基準債権額と計画弁済額の関係

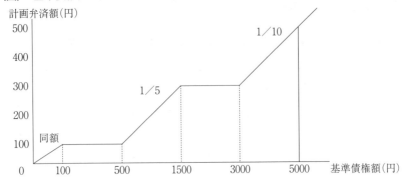

て、たとえば、破産をした場合に債権者が受ける利益（配当額）以上の弁済を債権者が受けられるような内容の計画でなければならないという要件があります（清算価値保障原則。民事再生法174条2項4号・231条1項・241条2項2号）。

債務者は、こうして算出した弁済額を、原則として3年、最長5年の間に弁済しなければなりません（民事再生法229条2項）。

6 住宅資金特別条項に係る特則

上記4で述べたように、個人再生手続の場合、破産手続とは異なり、債務者は財産を手元に残すことができます。しかし、当然に、住宅ローンのある自宅を手元に残すことができるわけではありません。担保権は再生手続中も自由に実行することができますし（民事再生法53条）、再生計画の効力は担保権には及ばない（同法177条2項）ため、住宅等に設定された抵当権の実行は妨げられないからです。そこで、個人債務者が住宅を手放すことなく経済生活の再生を図ることを目的として、住宅資金特別条項に係る特則が設けられています（同法第10章）。

債務者は、住宅ローンについて再生計画に弁済期限の繰延べ等を内容とする住宅資金特別条項を定めることができ（同法198条・199条）、これを定めた

再生計画の効力は住宅や住宅の敷地に設定されている抵当権にも及びます（同法203条1項前段・177条2項）。したがって、債務者が再生計画に基づく弁済を継続している限り、住宅等に設定されている抵当権の実行を回避することができます。なお、この条項を定めた場合、住宅ローンの債権額は上記5で述べた基準債権額には含まれません。

7 設問の場合

設問では、小規模個人再生または給与所得者等再生を利用し、再生計画に住宅資金特別条項を設けることを検討することになります。給与所得者等再生の場合、小規模個人再生の認可要件に加えて可処分所得要件が必要となるなど、要件が厳しくなりますので、分割返済可能な額を算定したうえで手続を選択することになります。

個人再生手続については、再生計画の内容について細かいルールがありますので、利用を希望される場合には弁護士に相談してください。

8 2017年民法改正が与える影響

2017年の民法改正に伴い、民事再生法の一部が改正されますが、個人再生との関係で内容的な変更はありません。

221

第7章 救済に向けた相談・法的手続

Q60 特定調停とはどのようなものか

　私が経営する会社は、中小企業とはいえ長年続いてきた老舗です。しかし、ここ数年は資金繰りに窮しており、金融機関からの借入金の返済が困難な状況です。私は会社の借入金を保証しており、会社の債務と私の保証債務を一緒に整理したいと考えています。特定調停という手続があると聞きましたが、どのような手続なのでしょうか。

▶ ▶ ▶ Point
① 特定調停は、裁判所における話合いによって紛争を解決する制度です。
② 会社と経営者につき同時に特定調停申立てをすることが考えられます。

1 特定調停とは

　特定調停とは、債権者と債務者が、裁判所において、話合いによって紛争を解決する制度です。調停は、調停委員2名と裁判官1名から構成された調停委員会によって進められます（特定調停法8条・22条、民事調停法5条1項・6条・7条1項）。

　調停期日では、調停委員が債権者と債務者の言い分を交互に聞き、相手方の言い分を聞かせてくれます。債務者は、職業、収入、資産、家族構成等をもとに、返済可能な額を伝え、返済額や返済方法を相談します。

　調停において当事者間に合意が成立し、これを調書に記載したときは、調停が成立したものとし、その記載は、裁判上の和解と同一の効力を有します（特定調停法22条、民事調停法16条）。債務者は、調停成立後、当事者間で合意した返済計画に従い返済します。債務者が返済することができなくなったときは、強制執行や担保権の実行がなされる可能性があります。これに対し、

222

当事者間に合意が成立しない場合は、裁判所が事件の解決のために必要な決定（特定調停法22条、民事調停法17条）をしない限り、手続は終了し、紛争は解決しないままとなります（特定調停法18条1項）。

特定調停は、債務を一部カットすることができる点で、個人再生手続と共通します。他方で、個人再生手続は複数の債権者を一括して相手方とするのに対し、特定調停は特定の債権者を相手方として行うことができます。また、Q59でみたとおり、個人再生手続においては、必ずしもすべての債権者が再生計画案に同意する必要はありませんが、特定調停では手続に参加した債権者全員の同意が必要となります。

2 中小企業と保証人の特定調停申立て

特定調停は、個人だけでなく会社も利用することができます。そして、前述のように、特定の債権者を相手方として行うことができますので、取引先からの信用を害さずに、債務の一部をカットすることができます。中小企業が特定調停を利用する場合、期日においてさまざまな情報を開示して返済方法を相談するという方法はとらず、特定調停の申立て前に金融機関と協議し、経営改善計画案の同意の見込みを得ておくことが必要です。同意の見込みがあることで、特定調停期日が円滑に進み、迅速に会社の再生を図ることができるからです。

設問のように、会社の経営者が保証債務を負っている場合には、会社の経営者も同時に特定調停の申立てをすることができます。そして、特定調停の手続を会社と経営者とで一体的に進め、調停条項案の内容に保証人の弁済に関する条項も入れることで、会社の債務整理とともに経営者の保証債務の整理を行うことが可能となります。この場合、保証人についても、特定調停申立て前に、調停条項案に対する金融機関の同意が見込まれることが必要です。

また、設問のように、会社の経営者が保証人となっている等の一定の要件

第7章　救済に向けた相談・法的手続

を満たす場合には、2013年12月5日に策定・公表された「経営者保証に関するガイドライン」（経営者保証に関するガイドライン研究会）を尊重することが期待されています（経営者保証ガイドラインの詳細はコラム⑤を参照）。このガイドラインによれば、特定調停などの手続を早期に利用することによって、そうでないときよりも経済合理性が認められる場合（早期に清算することで、事業や資産の価値が毀損された後に破産する場合よりも債権者の回収額が増加することが期待できます）には、回収見込額の増加額を上限として、保証人の手元に残せる財産を増やす余地があります（ただし、債権者が保証人の手元に残す財産を増やすことを認める必要がありますので、手元に残す財産を増やすことは容易とはいえないでしょう）。

③　設問の検討

　設問では、中小企業の債務整理と経営者の保証債務の整理の双方を希望しているため、中小企業の特定調停の申立てと経営者の特定調停申立てを同時にすることを検討することになります。あなたの会社が、最低でも約定金利以上は継続して支払える程度の収益力を確保していること、法的再生手続がふさわしい場合でないこと、私的再生手続がふさわしいと考えられる場合であること、特定調停が必要と見込まれること、保証人に関する調停条項案に対する各金融機関の同意が見込まれることといった要件を満たす場合には、特定調停を利用できる可能性があります。

　特定調停申立て前において、申立代理人となる弁護士や補助者の公認会計士、税理士によって、財務や事業等のデューデリジェンス（DD。対象企業や資産の調査活動）が実施され、そのDDに基づいて経営改善計画案を策定することになります。そして、債権者の同意の見込みを得たうえで、特定調停を申し立てることになります。

224

Q61　保証債務の支払いができずに困った場合、どこに相談したらよいか

Q61 保証債務の支払いができずに困った場合、どこに相談したらよいか

　私は保証債務の支払いをすることができずに困っています。どこに相談すればよいでしょうか。

▶ ▶ ▶ Point
・弁護士会をはじめとして、相談機関にはさまざまなものがあります。

1 弁護士会

　弁護士会で法律相談をすることが可能です。弁護士を利用するメリットは、契約の成立や有効性等に疑義があるような場合には、債務の額にかかわらず、債務者の代理人となって訴訟で争うことができますし、契約の成立や有効性等に争いがない場合であっても、債務者の財産状態、債務の額、家計状況等を考慮して、どの手続を選択することが適切であるかということを見極め、債務者の代理人として手続を遂行できる点にあります。

　弁護士会の相談は敷居が高いと思われる方もいるかもしれません。そのような方は、次のような相談機関を利用することも可能です。

2 消費生活センター

　都道府県や市町村が設置する消費生活センターでは、消費生活全般に関する苦情や問合せのみならず、多重債務に関する相談も受け付けています。相談員は、弁護士、司法書士、地方公共団体の職員など、地域によってさまざまです。

225

第7章　救済に向けた相談・法的手続

3 財務省財務局

　財務局では、多重債務者向けの無料相談窓口を設けています。面談相談のほか、電話相談も可能です。必要に応じて、専門家を紹介してもらうことができます。

4 日本司法支援センター（法テラス）

　日本司法支援センター（法テラス）で民事法律扶助による無料法律相談をすることも可能です。法テラスと契約をした弁護士や司法書士が法律相談に応じます。一定の資力要件を満たし、かつ、民事法律扶助の趣旨に適する場合には、1つの案件につき3回まで法律相談をすることができます。

5 日本司法書士会連合会

　法務大臣の認定を受けた司法書士は、簡易裁判所において取り扱うことができる民事事件（訴額が140万円を超えない事件）について、法律相談を受け、代理業務を行うことができます（簡裁訴訟代理等関係業務）。したがって、債務の額が140万円を超えない場合には、司法書士に相談することも可能です。

6 貸金業相談・紛争解決センター

　日本貸金業協会が運営する貸金業相談・紛争解決センターでは、貸金業務に関連する借入れや返済の相談を受け付けています。多重債務問題については、相談者の状況に応じ、債務整理の方法等についての助言や情報提供、再発防止を目的としたカウンセリングや家計管理の実行支援を行っています。

7 日本クレジットカウンセリング協会

　日本クレジットカウンセリング協会は、公正・中立な立場から多重債務者

226

の更生・救済を図るとともに、一般消費者に対しクレジットの健全な利用に関する啓発を行い、もって多重債務者の発生の未然防止を図り、消費生活の健全性を確保することを目的として設立された法人です。電話相談をすることも可能ですし、一定の要件を満たした場合には、弁護士およびアドバイザーによるカウンセリングを実施し、解決策を助言します。相談は無料です。

8 全国銀行協会

　全国銀行協会では、銀行との取引（預金、借入れ等）がある個人の方で、住宅ローンやカードローン等（事業性の資金を除く）の返済が困難となっている方を対象として、専門のカウンセラーまたは銀行業務に習熟した相談室職員によるカウンセリングサービスを行っています。

資料

資料

【資料】 保証人保護の方策の適用関係（民法）

保証人の属性	単純保証か根保証か	主債務が事業に係るものかどうか（カッコ内は例）	事業に係る貸金等債務についての保証契約に先立つ公正証書の作成（465条の6～9）	保証契約締結時の情報提供義務（465条の10）	主債務の履行状況に関する情報提供義務（458条の2）	主債務者が期限の利益を喪失した場合における情報提供義務（458条の3）	個人根保証契約の保証人の責任（465条の2）	個人貸金等根保証契約の元本確定期日（465条の3）	個人根保証契約等の元本確定事由（465条の4）
個人	単純保証	主債務が貸金等 事業に係る（会社の特定の借入れの保証）	○	○	○（委託による場合）	○			
		事業に係らない（学資ローンの保証）	×	×	○（委託による場合）	○			
		主債務が貸金等以外 事業に係る（会社の売買代金の保証）	×	○	○（委託による場合）	○			
		事業に係らない（個人の売買代金の保証）	×	×	○（委託による場合）	○			
	根保証	貸金等根保証 事業に係る（会社の銀行取引の保証）	○	○	○（委託による場合）	○	○	○	○（1項・2項）
		事業に係らない（個人のカードローンの保証）	×	×	○（委託による場合）	○	○	○	○（1項・2項）
		貸金を含まない根保証 事業に係る（継続的売買の保証）	×	○	○（委託による場合）	○	○	×	○（1項）
		事業に係らない（アパートの賃借人の保証）	×	×	○（委託による場合）	○	○	×	○（1項）
法人			×	×	○（委託による場合）	×	×	×	×

230

〔執筆者一覧〕

※いずれも弁護士・新潟県弁護士会

鈴木　俊　　（すずき　つよし）

石山　正彦　（いしやま　まさひこ）

阿部　剛　　（あべ　つよし）

五十嵐広明　（いからし　ひろあき）

菊池　淳哉　（きくち　じゅんや）

鈴木麻理絵　（すずき　まりえ）

原田　友紀　（はらだ　ゆき）

柴澤　恵子　（しばさわ　けいこ）

石戸　裕　　（いしど　ゆう）

あとがき

新潟県弁護士会は、保証に関する書籍として1993年に発刊された『保証の実務』を淵源として、これまでに、1996年に『Ｑ＆Ａ保証人110番』（2002年、2009年に第2版を発刊）を、2012年に『保証の実務〔新版〕』をそれぞれ発刊し、長く保証実務の研究、研鑽に取り組んできました。

2017年の民法（債権関係）の大改正を受けて、上記3つの書籍のいずれも執筆を担当された鈴木俊会員を中心に、当会の消費者保護委員会、民事法問題特別委員会の若手委員の有志で構成されるプロジェクトチームにより、本書が発刊されるに至りました。これまでの当会の諸先輩方の研鑽の歴史をさらに発展させたすばらしい成果であると思います。本書の発刊まで地道な努力を積み重ねられたプロジェクトチームの会員諸氏にあらためて敬意を表したいと思います。

本書は、2017年の民法改正による保証実務の変更点や留意点を中心に論述されていますが、必ずしもそれにとどまるものではなく、以下のような特徴があります。

① 民法改正において必ずしも十分に解釈や指針等が示されていない論点について、保証人保護の視点からの積極的な意見、見解が示されている。

② 2017年民法改正の他の改正事項である消滅時効や典型契約にも触れられており、改正の概要を知ることもできる。

③ 金融庁監督指針や経営者保証ガイドラインの策定など保証実務に関する近時の重要な動きにも言及されている。

以上に加え、本書は、極力平易な表現を意識して記述されており、一般市民にも理解しやすく、他に類を見ない内容となっています。

保証実務にかかわる法曹、消費生活センターをはじめとする相談機関、金融機関などの関係者のみならず、一般市民にも広く利用されることを念願します。

2018年12月

民法改正・保証Ｑ＆Ａ編集PT担当前副会長　　氏家　信彦

消費者保護委員会委員長　　江花　史郎

民事法問題特別委員会委員長　　野口　祐郁

〔編者所在地〕

新潟県弁護士会

〒951-8126

新潟県新潟市中央区学校町通1番町1番地

TEL 025-222-5533

http://www.niigata-bengo.or.jp

〈トラブル相談シリーズ〉

保証のトラブル相談Q＆A

〔Q＆A保証人110番　改題〕

2019年2月27日　第1刷発行

定価　本体2,800円＋税

編　　　者　新潟県弁護士会

発　　　行　株式会社民事法研究会

印　　　刷　藤原印刷株式会社

発 行 所　株式会社　民事法研究会

〒151-0073　東京都渋谷区恵比寿 3 - 7 -16
〔営業〕TEL03(5798)7257　FAX03(5798)7258
〔編集〕TEL03(5798)7277　FAX03(5798)7278
http://www.minjiho.com/　info@minjiho.com

落丁・乱丁はおとりかえいたします。ISBN978-4-86556-269-9 C2332　￥2800E

▶国会の議論で参照された好評の初版を、新民法成立後の実務を見据えて改訂！

Q & A
消費者からみた改正民法
〔第2版〕

日本弁護士連合会消費者問題対策委員会　編

A5判・141頁・定価　本体1,600円＋税

▷▷▷▷▷▷▷▷▷▷▷▷▷▷ **本書の特色と狙い** ◁◁◁◁◁◁◁◁◁◁◁◁◁◁

▶民法がどう変わるのかについて、消費者に関係する25のテーマを厳選してわかりやすく解説！

▶保証を詳解したQ、新旧法適用関係を解説したQを新設し、民法や消費者契約法改正についての国会の議論等を踏まえた解釈を示して改訂！

▶わかりやすい説明と豊富な図・表で、消費者被害救済に関連する民法改正のポイントをしっかりつかんで納得しながら読み進められる！

▶巻末には、改正後の民法条文、改正法の附則、附帯決議を抜粋して掲載！

〈契約の目的物に瑕疵がある場合の現行法と新民法の規定内容〉

現行法の考え方（法定責任説）

売買の種類 （具体例）	特定物売買 （中古PC・中古車）	種類物売買 （PC・新車〔新品〕）
代替物請求・修補請求	×	○
契約の解除権	○（目的不達成のとき）	○
損害賠償	○（限定あり）	○
代金減額請求	（数量不足の場合のみ）	×
責任の限定	隠れた瑕疵があった場合	限定なし

わかりにくい　使いにくい

新民法の考え方（契約責任説）

売買の種類	区別なし
代替物請求・修補請求	○
契約解除権	○
損害賠償	○
減額請求	○
責任の限定	「隠れた」場合に限定せず

↑ポイントを押さえた図表！

❖❖❖❖❖❖❖❖❖❖ **本書の主要内容** ❖❖❖❖❖❖❖❖❖❖

Q1　現行法を改正することの意味と理由
Q2　暴利行為
Q3　意思無能力
Q4　錯誤
Q5　第三者による詐欺など
Q6　無効と取消しの効果
Q7　消滅時効（1）──時効期間
Q8　消滅時効（2）──時効の猶予・更新
Q9　法定利率と中間利息控除
Q10　債務不履行による損害賠償責任
Q11　複数契約の解除
Q12　保証（1）──個人保証の制限
Q13　保証（2）──保証人に対する情報提供義務

Q14　保証（3）──保証人の負担軽減
Q15　債権譲渡と債務者の抗弁
　　　──異議をとどめない承諾の制度
Q16　債務の履行の相手方──準占有者への弁済
Q17　説明義務・情報提供義務
Q18　信義則等の適用にあたっての考慮要素
Q19　定型約款（1）──組入要件、開示義務
Q20　定型約款（2）──内容規制・約款変更
Q21　売買──商品の不具合
Q22　消費貸借の成立
Q23　賃貸借契約──原状回復
Q24　請負──注文者の権利の期間制限
Q25　周知期間と適用関係

発行　民事法研究会

〒150-0013　東京都渋谷区恵比寿3-7-16
（営業）TEL. 03-5798-7257　FAX. 03-5798-7258
http://www.minjiho.com/　info@minjiho.com

■膨大・難解な特定商取引法をわかりやすく解説した、特定商取引をめぐるトラブル対応の必携書！

【トラブル相談シリーズ】

特定商取引のトラブル相談Q＆A
―基礎知識から具体的解決策まで―

坂東俊矢　監修
久米川良子・薬袋真司・大上修一郎・名波大樹・中井真雄　編著

A5判・291頁・定価　本体3,000円＋税

▷▷▷▷▷▷▷▷▷▷▷▷▷▷▷▷▷　**本書の特色と狙い**　◁◁◁◁◁◁◁◁◁◁◁◁◁◁◁◁◁

▶平成28年の特定商取引法改正はもちろん、平成30年までの民法、消費者契約法等関係法令の改正にも対応！
▶訪問販売、通信販売、マルチ商法など特定商取引をめぐる広範なトラブル等について、消費者問題に精通する研究者・実務家が、最新の実務動向を踏まえてわかりやすく解説！
▶巻末の資料には、現行法におけるクーリング・オフ等一覧、全面適用除外となる商品・サービスの一覧を掲載しており、実務に至便！
▶トラブル相談を受ける消費生活センター関係者、自治体担当者のほか、弁護士、司法書士など法律実務家等の必携書！

本書の主要内容

第1章　総論
第2章　訪問販売
第3章　通信販売
第4章　電話勧誘販売
第5章　連鎖販売取引
第6章　特定継続的役務提供
第7章　業務提供誘引販売取引
第8章　訪問購入
第9章　その他
【資料1】現行法におけるクーリング・オフ等一覧
【資料2】全面適用除外となる商品・サービス（訪問販売・通信販売・電話勧誘販売）

発行　民事法研究会　〒150-0013　東京都渋谷区恵比寿3-7-16
（営業）TEL. 03-5798-7257　FAX. 03-5798-7258
http://www.minjiho.com/　info@minjiho.com

■平成30年改正までを織り込んだ最新版！■

推薦図書 全 国 消 費 生 活 相 談 員 協 会
日本消費生活アドバイザー・コンサルタント・相談員協会

消費者六法
〔2019年版〕
──判例・約款付──

編集代表　甲斐道太郎・松本恒雄・木村達也

Ａ５判箱入り並製・1583頁・定価　本体 5,400円＋税

〔編集委員〕　坂東俊矢／圓山茂夫／細川幸一／島川　勝／金子武嗣／関根幹雄
尾川雅清／田中　厚／中嶋　弘／薬袋真司／小久保哲郎／舟木　浩

▷▷▷▷▷▷▷▷▷▷ さらに充実した2019年版のポイント ◁◁◁◁◁◁◁◁◁◁

- ▶消費者問題に関わる場合に、これだけはどうしても必要だと思われる法令、判例、書式、約款を収録した実務六法！

- ▶平成30年改正までを織り込み、重要法令については政省令・通達・ガイドラインを収録！

- ▶法令編では、取り消しうる不当な勧誘行為、無効となる不当な契約条項が追加等され、事業者の努力義務が明示される等した「消費者契約法」、生活困窮者や生活保護世帯に対する包括的な生活支援（子どもの学習・進学支援、居住支援など）の強化や貧困ビジネスへの対策がなされた「生活保護法」「生活困窮者自立支援法」「社会福祉法」のほか、「不正競争防止法」「建築基準法」「農薬取締法」「健康増進法」「商法」の改正等の改正に対応！

- ▶判例編では、消費者被害救済に必須の916件の判例・裁判例を収録し、付録編、約款・約定書・自主規制編では、最新の情報に対応！

◆◇◆◇◆◇◆◇◆◇◆◇◆ 本書の特色と狙い ◆◇◆◇◆◇◆◇◆◇◆◇◆

- ▶弁護士、司法書士、消費生活相談員、消費生活アドバイザー・コンサルタント・専門相談員、自治体の消費生活　担当者、企業の法務・消費者対応担当者等のために編集された六法！

- ▶消費者問題に取り組むうえで必要な法令を細大漏らさず収録し、重要な法律には政省令・通達の関連部分までまとめて掲載！

- ▶判例編として、実務の指針となる基本判例要旨を関連分野ごとに出典・関連法令も付して掲載！

- ▶関連する約款・約定書・自主規制や、実務の現場で役立つ資料も収録！

発行 **民事法研究会**

〒150-0013　東京都渋谷区恵比寿3-7-16
（営業）TEL. 03-5798-7257　FAX. 03-5798-7258
http://www.minjiho.com/　info@minjiho.com